Jakob Michael Reinhold Lenz

Meinungen eines Layen den Geistlichen zugeeignet

Stimmen des Layen auf dem letzten theologischen Reichstage im Jahr 1773

Jakob Michael Reinhold Lenz

Meinungen eines Layen den Geistlichen zugeeignet

Stimmen des Layen auf dem letzten theologischen Reichstage im Jahr 1773

ISBN/EAN: 9783743658523

Hergestellt in Europa, USA, Kanada, Australien, Japan

Cover: Foto ©Lupo / pixelio.de

Weitere Bücher finden Sie auf **www.hansebooks.com**

Meynungen
eines Layen
den Geistlichen
zugeeignet.

Stimmen
des Layen
auf dem
letzten theologischen Reichstage
im Jahr 1773.

Leipzig
in der Weygandschen Buchhandlung.
1775.

Brief
eines Geistlichen.

Ich danke Ihnen für die zugesandte älteste Urkunde des Menschengeschlechts. Sey auch der edle grosse Verfasser wer Er sey, Er ist ein Mann von Gott kommen!

Ich möchte Ihnen eine Gegenfreude machen, nehmen Sie dies Manuscript, lesen Sie's. Ueber sechs Monate schon lag's unter meinen Papieren. Es sind Meynungen eines Layen, der ehmalen mein Busensfreund auf der Akademie war, und nun seit langer Zeit von meiner Seite getrennt ist. Eben schreibt er mir: „Laß die Meynungen nur bekannt werden samt, „deinen Anmerkungen, mein Name aber bleibe „dem Publikum immer verborgen, würkts nur „wie's soll!„ ——

Und nun, mein Bester! ich entspreche seinem Verlangen, meine Anmerkungen mögen aber

aber immer hinweg bleiben. Ihnen *) theil ich sie nebst gegenwärtigem Brief mit, so viel Zeit und Umstände gestatten, und erwarte die Ihrigen.

Mit dem Ganzen bin ich treflich zufrieden, wann ich schon da und dort mit dem Layen nicht einig bin. Er hat den richtigsten Gesichtspunkt, da er die Bibel nicht so wohl für unmittelbare Offenbarung, als vielmehr für die Geschichte der Offenbarungen angiebt. Das hebt alle die greulichen Misdeutungen auf, durch die sich so viele mit der besten Absicht berechtigt glauben, uns die Bibel aus den Händen zu nehmen. Mein Gott! es graut mir, wenn ich an die kritischen Zeiten gedenke, worinn wir leben. Es ist an dem, daß man uns die naivsten Nachrichten von der Haushaltung der Erstgeschaffenen und ihren lieben alten Kindern und Nachkommen für nichts mehr als jüdische Fabeln geben will. Nehmen Sie nun an, mein Liebster, wir hätten diese Nachrichten nicht, und

---

*) Der Herausgeber fand für gut, diesen Brief statt des Prologs voranzuschicken, ob ihn gleich der Geistliche nicht in der Absicht geschrieben hatte.

und denken Sie Sich da die muthmaßenden, die zweifelnden Philosophen und all' die denkenden und sprechenden und schreibenden Menschenkinder an ihrem Pult. Bewahr Gott! welch ein Reichthum! Welch ein Ocean von Muthmaßungen, Träumen, ideatischen Gemälden, Fabeln, Hypothesen! — und welche Anmuth für's dürstende Menschenherz! welche wasserlose heiße Sandwüsten! Itzt seyd ihr noch reich, ob ihr gleich die Quelle verstopfen wollt, ärgert euch doch daran nicht, daß sie so sanft daherrinnt und nicht braußt wie der Strohm, den ihr doch immer von ihr herleiten müßt.

Jahrhundert! du giebst dir einen stolzen Namen, aber laß sehen, ob nicht eine magere Kuh zwischen dem Schilf hervor ans Ufer komme, dich mit all deiner überschweren Fettigkeit aufzehre und man's ihr nicht ansehe.

Wir wünschen bey einem grossen Manne den Gang und die Bildung seines Geistes zu kennen und mit den ersten Jahren seiner Entwickelung bekannt zu seyn, und wollen doch auf eben das bey der Bildung des Menschengeschlechts Verzicht thun.

Den ersten Menschen offenbarte sich Gott nach den Fähigkeiten die sie hatten, sollte darum die Offenbarung des himmlischen Vaters weniger göttlich seyn? Den geschickten Lehrmeister eines Kinds, der, um seinem Lehrling faßlich zu seyn, selbst Kind wird, schätze ich so hoch als den würdigsten Lehrer auf dem Katheder. Gott offenbarte sich dem Menschen durch die Schöpfung sein selbst auf die kürzeste Art, der erste Mensch ward durch die Hervorbringung eines einigen Menschen zuerst an die Idee der Einheit, der Quelle aller unsrer Erkenntnis und Religion gewöhnt — —. durch die nachmalige Hervorbringung des Weibes an die Idee der Zusammensetzung und Verbindung mehrerer Dinge zu einem Zwecke. Sehen Sie da den Keim aller nachmaligen Künste und Wissenschaften, aller menschlichen Bemühungen und Glückseligkeit. Das waren die ersten Offenbarungen Gottes an den Menschen, die ihnen gegeben wurden, ohne daß sie sich derselben bewußt waren, und doch alle ihre Fähigkeiten zuerst entwickelten und ihnen den Stoß gaben. Die nachmaligen Offenbarungen Gottes wurden perceptibel. Niemand aber hat dran gedacht, daß diese in dem Verhältnisse mit den zunehmenden sich entwickelnden auch wohl oft zurücksinkenden Fähigkeiten der Menschen fortschreiten, also menschlich und un-

unvollkommen seyn mußten, obwohl sie zu vollkommenern Offenbarungen führten.

Sie sehen aus all dem, warum ich es so überaus gern sehe, daß diese Meinungen bekannter werden. Man schreyt ja doch von allen Seiten her, was kanns dann schaden, wann auch ein ehrlicher Laye sein Wörtchen dazu giebt? das doch auch manchem ehrlichen Mann, wenn er nicht sehr eigensinnig ist, da und dort einen richtigern Gesichtspunkt geben mag, und selbst einige anfangs absurd scheinende Gedanken, sinds bey näherer Untersuchung nicht mehr. Freilich werden einige hin und wieder mehr Beweiß und gründlichere Untersuchung wünschen, allein diese mag des Buchs Titel befriedigen, es sind ja Meynungen, und Meynungen eines Layen. Wie gut wärs, wann würdige Männer von unserm geistlichen Stande sich ein Gewissen draus machten, das zu thun, was ich von meinem Freunde bey seinen Umständen nicht erwarten kann.

Sie wissen z. B. wie sehr ich immer am Dogma von der Erbsünde zweifelte, und doch konnte ich nie die Sache ganz wegwerfen. Ich hab sie immer als Realität angesehn, und (weil die Sache doch einmal, seitdem Augustin ―

zum

zum Heil der Kirche? — schrieb, es so erfordert) gewünscht, daß ein redlicher, erfahrner scharfsinniger Mann, so weit es möglich wäre, die Natur des Menschen, die Bestimmung aller seiner Triebe und Fähigkeiten, und das Verhältniß, in dem wir mit Gott und der Natur stehen, untersuchen möchte. Dies, deucht mich, wäre der Ort, davon auszugehen wäre, um zu bestimmen was Erbsünde ist, — der Name ist freylich ärgerlich. Ich meyne immer, das, was so genennt wird, sey zu Erreichung unserer Bestimmung durchaus nothwendig; also keine Folge des Falls, der nur partikular war. Was meynen Sie?

Ferner sind noch verschiedene andere Punkte da, die mir wichtiger scheinen, als der erste Anblick sie zeigt. Z. B. Sind die Opfer göttlichen Ursprungs? Ich weiß nicht, ob darüber schon was gründliches ist gesagt worden, und doch hat diese Untersuchung den wichtigsten Einfluß in die ganze Gestalt der Religion, daher ist auch die Lehre vom Verdienste unsers Erlösers und Herrn noch immer in so dunkelm Licht und so vielen einschläfernden und schädlichen Misdeutungen ausgesetzt, oder wird — gar weggeworfen!

Fer-

Ferner. Mit offenem forschendem Aug hat der Verfesser am Opfer Abels kein Blut sehen können. Cheláph (das Fett) kommt her von Chalaph (die Milch) und giebt nicht roagulirte Milch Butter? Fett? Daher geben die Ebräer eben den Namen allen Mark und Milchsaft habenden Pflanzen. Abel opferte also von den Erstlingen seiner Heerde, und was von ihnen? von ihren Fetten! ohne sie zu schlachten, von ihrer Milch. Wo ist also ein einziger Tropfe Bluts?

Den Ursprung der Opfer zeigt der Laye so ungezwungen und natürlich, daß ich ihm nichts dagegen einwende. Was meynen Sie? Freylich ist nicht zu läugnen, daß nachher die Opfer von ihrer Einfalt abarteten. Hören Sie, wie in der Praep. Evang. des Eusebius Lib. I. c. 9. und IV. c. 14. der Porphyrius drüber seufzt, deklamirt, räsonnirt und mehrere mit ihm.

Anfangs hatten hatten die Menschen, stärker als jemals nachher, Grauen vor jedem Bilde, das sie an die Zerstöhrung ihres Leibes erinnerte, wie konnten sie also je auf Vergiessung des Bluts und auf Schlachtopfer fallen? Kain beweißt nichts. Er schlug seinen Bruder todt, aber er wollte ihn nur prügeln, konnte er wis-

sen, daß der Tod auf den Streich eines Knüttels erfolge? Es mußte wunderbare Wirkung auf ihn machen, da er sah, daß er liegen blieb. —

Nach vieler Jahrhunderte Verfluß waren sie mehr an das Absterben der Thiere und der Menschen selbst gewöhnt, und konnte es also eher ihnen einfallen. So wurde es nach und nach Sitte des Volks, Thiere zu opfern, und da dieser Brauch den gröſten Eindruck auf die Moralität und Gemüthsruhe der Menschen machte; so behielt Gott selbst dieselben bey, gab ihnen göttliche Autorität und zu Mosis Zeiten wurden sie nicht aufs neue befohlen Jerem. VII, 22. sondern beybehalten, wurden Gesezgebung für die Juden und Schwung, ihre Gesezgebung in Gang zu bringen.

Mein Blatt ist voll, bester Freund, ich lasse Sie izt beym Layen allein, und hoffe, den Inhalt Ihres Gesprächs mit ihm, schriftlich zu erfahren. Ich bin

2c. 2c.

Mey=

Meynungen
eines Layen

den Geistlichen
zugeeignet.

Ich mache mich hier nicht anheischig, Ihnen historische Beweise a posteriori oder philosophische Beweise a priori von der Authenticität oder Autorität der biblischen Bücher vorzukramen. Bloß ihre innere Vortreflichkeit soll den Ausschlag geben. Und keine Religion auf der Welt ist, deren Wahrheit auf eine andere Weise erhärtet werden kann.

Religion soll uns glücklicher machen, sonst nehmen wir sie nicht an. Und soll sie das, so muß sie empfunden werden, denn Glückseligkeit besteht in Empfindung.

Nun die Hauptfrage, die jeder im geheimsten Winkel seiner Vernunft aufs sorgfältigste versteckt, zu schamhaft, seine Unwissenheit darüber öffentlich zu gestehen. Was ist Empfindung? Wir sind uns wohl bewußt, empfunden zu haben, aber nie so deutlich, daß

wir

wir Rechenschaft zu geben wüßten, was damals in uns vorgegangen sey.

Eine zarte Schwingung und Zitterung unserer Nerven, die angenehme Kützelung und Bewegung unserer Lebensgeister, der dadurch beschleunigte, erleichterte, beglückte Umlauf unsers Geblüts — alles, was uns die Aerzte schönes davon vorzusagen wissen, ist Gefühl, ist noch nicht Empfindung.

Nur um einen Ton tiefer gestimmt geht bey allen Thieren eben das vor.

Empfindungen sind geordnetes in Verhältnis gebrachtes Gefühl, Gefühl das gewissen Vorstellungen untergeordnet ist, Gefühl unsrer Seele.

Die Kraft, die in uns Vorstellungen abreißt, sammlet, ordnet, unterordnet, in Verhältnis zu einander bringt, ist unsere Seele, unsere Vernunft, wie Sie sie nennen wollen, in unserm Körper in immerwährender Bewegung handelt sie durch denselben oder in demselben. So bald sie aber empfindet, ruht sie, leidet sie. Denken ist eine Handlung, Empfinden ein Zustand, der aber so auf ein Haar der vorhergegangenen Handlung entspricht, daß es uns

schwer

ſchwer fällt, dieſe ſo innig mit einander ver-
webten Modifikationen unſrer Kraft von einander zu reiſſen und vor unſer Anſchauen zu bringen.

Wir können alſo nichts empfinden, das wir
uns vorher nicht in einem gewiſſen Verhältnis
gedacht, vorgeſtellt. Und je nachdem dies
Verhältnis gröſſer, mehr umfaſſender, richtiger
und deutlicher, je nachdem auch unſere Empfindung.

Was für glückliche Einflüſſe ein ſo in Proportion und Harmonie gebrachtes Gefühl auf
den Umlauf unſers Gebluts, und alſo unſere
ganze Geſundheit und Behaglichkeit haben müſſe,
ſpringt hier von ſelbſt Ihnen in die Augen.

Ich darf meinen Zweck nicht verlaſſen.
Das vorige könnt' ich noch durch ein Exempel
deutlicher machen. Eine Kuh, ein Taglöhner,
ein Künſtler ſehn ein vortrefliches Gebäude mit
denſelbigen ſinnlichen Werkzeugen an, mit dem-
ſelbigen Gefühl, aber welch einen Unterſchied
macht die bey jedem wirkſame Kraft in der ver-
hältnismäßigen Stimmung dieſes Gefühls, in
den Empfindungen.

Mit alle dem iſt doch das Gefühl des
Gaumen, auf den alle dies gepfropft werden
muß.

muß. Ja das Gefühl hat sogar dem Geiste in uns all seine ersten Ideen geben müssen. Und wo er selbst nicht Gelegenheit gehabt, hat er sich auf die verglichenen und bewährten Gefühle andrer verlassen müssen, hat also glauben müssen. Ohne Glauben wäre also unsere Erkenntniß und die sich darauf beziehende Empfindung so arm, daß einem die Lust zu leben vergehn möchte. Doch ist ein überflüßiger Reichthum, den wir nicht zu brauchen wissen, der auf der Oberfläche unsrer Wißbegierde liegen bleibt, ohne eine einzige unsrer Empfindungen in Bewegung zu setzen, ohne ihr eine andere angenehme Richtung oder Schwingung zu geben, eben so gefährlich. Das ist der Fehler unsrer meisten Gelehrten, und daß ichs auf meinen Zweck anwende, unsrer meisten Gottesgelehrten in der Religion gewesen. Es ist besser wenig zu glauben, aber das, was man glaubt, in seinem ganzen Umfang zu empfinden, als als les zu glauben und nichts zu empfinden.

Das ist es, was ich einigen meiner individuellen Ansichten in unsre Religion, die ich Ihnen hiemit ankündige, voraus zu schicken für nöthig erachtet.

Erster

Erster Abſchnitt.
Paradies. Sündenfall.

In eine lachende Himmelsgegend verſetzt, von tauſend ausgeſuchten Sinnlichkeiten umringt, denken Sie ſich ein Paar nackter aus der Hand des Schöpfers gerad hervorgegangener, unverderbter, mit den feinſten Organen beglückter Menſchen — Welch ein Gefühl! Alles Wolluſt, vom göttlichen Hauch noch ganz friſch beſeelt, in Wonnegenuß der ganzen ſie afficirenden Schöpfung. Ich rede von Zweyen, und ſollte von Adam allein reden. Noch iſt aber alles verworrenes Gefühl, bis er, wie Herder ſchon entwickelt hat, zu unterſcheiden, zu nennen, zu ſprechen anfieng. Da entſtanden Verhältniſſe in ſeinem Kopfe, da wards Empfindung. Und als ihm die Gottheit die höchſte Lieblichkeit der Natur im Grundriſſe, das Weib, entgegen führte, da fühlt er ſich in allen Nerven ſeines Gefühls getroffen, fühlt es, daß es Fleiſch wär wie ſeines, Bein wie ſeins, und nannte — Männin — Hier ward Verhältniß zu ihm ſelbſt — hier ward Empfindung.

So geht der Gang fort. Und ich wünſchte, mein Auge wäre ſcharf genug, alle die werdenden um ſich kreuzenden Verhältniſſe von

Adam bis auf uns in einen Gesichtspunkt zu fassen, es sollte mir nicht schwer werden, die ganze Welt zum Beyfalle dieser Erzählungen zu bringen.

Aber noch unterschied der Mensch die Gottheit nicht, zu sehr mit den ihn umringenden Freuden beschäftigt. Schliessen, urtheilen konnt er noch gar nicht, es ist eine Welt, folglich muß sie eine Ursach haben, folglich — — Unsinn wäre das von ihm zu glauben.

Die Gottheit mußte er also empfinden lernen, ihre Macht und Gewalt empfinden lernen, um das Verhältniß zwischen sich, Ihr und der ganzen Natur zu bekommen. Er wär Atheist geblieben und der unschuldigste, der je auf Gottes Erdboden herumgieng.

Verbot — — und der Macht, etwas zu verbieten, Strafen angehängt. Zerstörung dieser ganzen Maschine, deren er sich eben mit so unaussprechlicher Wollust bewußt worden war.

Und weil er noch nicht träute, das war ganz natürlich bey seiner sich entwickelnden Seele, weil er das Verbot übertrat; so mußte die Erinnerung dieser angedrohten Strafe Furcht bey ihm erwecken, alle diese in großer Symphonie jetzt eben zu spielen anfangende Empfindungen,

gen, seine dunkeln Ideen von der Macht, von der Erhabenheit dieser Gottheit über ihn, stärken, erhöhen, erweitern, und so die Mutter neuer Empfindungen werden.

Die Sünde — der physisch damit verknüpfte Tod, waren also die einzigen Mittel, wodurch die Gottheit ihren ganzen Abstand von ihm, ihm zu fühlen geben konnte.

Lassen Sie sich das nicht schröcken, es ist nur eine Wolke, die das Sonnenlicht mildert, das auf einmal unserm Auge unerträglich worden wäre. Diese Empfindungen der Ehrfurcht vor Gott gab allen übrigen Empfindungen der ersten Menschen den Ton und das rechte Verhältniß. Wir sollten nicht bloß in die Breite, sondern auch in die Höhe empfinden. Freundschaft gegen seines gleichen verliert sich zuletzt in sanften Schlummer, es muß Stufenordnung und Vorzug da seyn, wenn diese Empfindungen ihr Leben erhalten sollen.

Und so zeigte sich Gott bey heranwachsendem und fortsündigendem Menschengeschlechte immer schröcklicher, um dem Menschenverstande Gelegenheit zu geben, sich eine ganze und große Idee von ihm zu fassen, die sonst immer nur bey seines gleichen stehen geblieben und endlich gar entschlafen wäre.

In dieſer Proportion geht immer Zorn und Schröcklichkeit Gottes mit der Sünde fort. Sünde iſt nichts anders, als Vernachläſſigung des Verhältniſſes, in welchem wir mit der Gottheit ſtehen.

Die morgenländiſchen Redefiguren: Gott baute Heva, Gott redete mit Adam, Gottes Stimme wandelte im Garten, die Schlange redete u. ſ. w. mögen Sie ſich ſelbſt erklären, wie Sie's am beſten begreifen können. Ich finde nichts Unnatürliches, nichts Myſtiſches, nichts Sybillianiſches darinn, wenn ich unter dieſen Bildern Unterweſen, aber von höherer Gattung als wir, Geiſter denke, die ſich auf eine gewiſſe apperceptible Art in die Angelegenheiten der Menſchen miſchten, der Gottheit zu dienen oder ihr zu widerſtehen, wie wir in unſerer ſichtbaren Körperwelt davon ja täglich Proben haben.

Ich werde Sie hinten an dieſen Abſchnitt erinnern und zeigen, daß, da jetzt für unſere Erkänntnißſphäre der Begriff der Erhabenheit und Schröcklichkeit Gottes ſeine geziemende Höhe erreicht hatte, die Gottheit ſich nun unter einem gefälligern Bilde uns zeigen mußte, um

auch

auch Liebe und Vertrauen, mit der vorhergegangenen Ehrfurcht verbunden und dadurch ins rechte Verhältniß gesetzt, in uns rege zu machen.

Mich dünkt, es ist eben sowohl vorwitzig zu behaupten, die Religion sey bloß dazu da, unsere Erkänntnisse und Empfindungen zu ordnen, als zu behaupten, sie sey uns bloß gegeben, unsere Einsichten zu erweitern, und dem zufolge Meynungen, Hypothesen und Systeme darinnen aufzusuchen.

Die Religion soll uns weder fromm noch gelehrt ganz allein machen, sondern glücklich.

Die Theologen haben unrecht gethan, aristotelische und scholastische Philosophie in der Bibel aufzusuchen, die so lauter und klar in ihren Lehren für die allerunphilosophischsten Layen dahin rinnt. Aber, die die dunkeln und mystischen Ausdrücke der biblischen Bücher für Gallimathias und Nonsense halten, den es der Mühe nicht lohne zu entziffern, irren gewiß um nichts weniger.

Wenn Gott in der Schöpfungsgeschichte seine Befehle unmittelbar an die Erde richtet; wenn er bey Schöpfung des Menschen in der mehreren Zahl spricht (welches auf die drey Personen

sonen in der Gottheit zu deuten, ein erleuchteter Theologe schwerlich das Herz haben wird, da eine solche Berathschlagung dem Begriffe von Einheit des göttlichen Wesens, also auch des göttlichen Willens zu sehr widerspricht) verglichen mit einigen Stellen im Hiob, in den Reden Christi, Paulus und andrer, so sind dies so ganz undeutliche Winke nicht zu Bestätigung einer Hypothese, die uns den Schlüssel zu den allererstaunendsten und unerklärbarsten Phönomenen in der Oekonomie Gottes geben würde.

Ich meyne die Lehren einiger ältesten Philosophen und Mystiker von einem Weltgeist, der freywillig nach gewissen ihm vorgesetzten Zweken handelt und unter der Oberherrschaft der Gottheit steht, aber freywillig.

Wann jeder Planet *) seine Seele hätte, und sich in freywilliger Harmonie, doch allezeit seine Abhängigkeit von der Gottheit empfindend, um den andern bewegte — so könnte Hiobs Ausdruck: da mich die Morgensterne lobten — — ziemlich nach dem Buchstaben verstanden werden.

Nach

---

*) Eine alte Meynung der Juden giebt so gar einzelnen Ländern und Provinzen ihren Geist. Der Geniusse der andern Völker nicht zu gedenken. Woher das alles?

Nach dieser Hypothese (die ich aber für nichts mehr ausgebe) wären die Thiere ganz, der Mensch auch, in so ferne er Thier, den Einflüssen dieses Weltgeists unterworfen, der nach seinen einseitigen Zwecken handelt, um dem auf ihm sich regenden Thiere so viel Genuß zu verschaffen, als es ihm möglich ist.

Unsere Selbstständigkeit wäre da erst angegangen, als Gott seinen lebenden Odem in diese aus irdischen Theilen so künstlich zusammengesetzte Maschine blies. Dieser Odem Gottes, diese unsre Kraft sollte nun die Einflüsse der Weltseele ordnen, erweitern, erhöhen, nach höhern Zwecken wirkend und frey.

Jetzt haben Sie, wann Sie wollen, Principium für die Erbsünde, wann Sie sie so nennen wollen. Ich nenne sie Natur. Haß, Neid, Mord, Ehebruch, alles liegt in der Natur, ob aber in der häßlichen Gestalt, das können nur die zugeben, deren Phantasey in dem schwarzen Reiche höllischer Phantomen veraltert ist. Die Natur hat ihre Zwecke, der wahrhaftig freye Mensch die seinigen, und die Vereinigung dieser Zwecke giebt das vollkommenste Ganze.

Kains Geschichte.

Ich weiß in der ganzen Natur kein rührenderes Gemälde, als die ersten Aeltern von dem Engel, der sie mit der ganzen wohlthätigen Natur befreundet hatte, aus ihrem entzückenden Wohnplatze herausgeschröckt, dunkle furchtbare Ideen von ihrem Schöpfer, jetzt von der ganzen Natur — so schiens — ausgestoßen, trostlos und verlaßen einander in die Arme fallen, sich in der ganzen Schöpfung wechselseitig als das letztübrige Gut fühlen, Schmerz, Verzweiflung waren jetzt die Bande, die sie so dicht in einander fesselten als untergehende Schiffbrüchige an das letzte Bret, das sie umklammert halten — und alles dies sich in Liebe, Wollust und Entzücken auflösen. Und Adam erkannte sein Weib Heva. Gewiß, wann das keine Empfindung in der Seele nachließ, so konnte es nichts. Und diese Empfindung ehlicher Treue ward hernach der höchste Segen all ihrer Nachkommen.

Ohne Gesetz lebten jetzt die Menschen, das eine war übertreten und für sie ohne Verbindlichkeit. Es hatte aber dunkle Gefühle der Furcht für einem höhern Wesen, das sie weiter nicht kannten, in ihnen nachgelaßen.

Beyläufig muß ich nochmals erinnern, daß unsre Phantasie Freyheit hat, sich die Art, wie Gott das erste Gesetz vom Baume des Erkenntnisses gab, auf die ihr faßlichste Weise vorzustellen, wenn das Faktum nur bleibt, auf die Vorstellungsart desselben kommts nicht an. Mich deucht es wenigstens sehr einfältig, und daher wahrscheinlich, daß derselbe Cherub, der, nach dem Grundtexte, als eine rothe, wehende Flamme vor dem Paradiese stand, auch so vor dem Baume gestanden, und also stillschweigend das Verbot gegeben, die Schlange dem ohngeachtet sich dem Baume genähert, und dadurch das fürwitzige Weib lüstern gemacht u. s. w.

Begierde und Neid sind in der Natur aller Thiere schon so genau verschwistert, daß dies den Philosophen unmöglich unaufmerksam lassen kann. Eine ist in der andern gegründet, sie erhöhen sich wechselsweise. Zwey gleiche Bissen zwey Hunden vorgeworfen, der eine, in dem die Natur am lebhaftesten wirkt, verläßt seine Beute, fällt über den andern her, und glaubt in dem, jenem entrissenen Gut ein größeres Gut zu genießen.

Besonders ist es, daß in der ganzen Haushaltung Gottes moralisches Uebel, Verletzung der

der von Gott eingerichteten Verhältnisse immer mit dem physischen in gleichen Schritten geht. Schon Adam kam vom Apfelbaume als Exulant auf ein Feld voll Unkraut, wo er sich die Nahrung mit Schweiß zusammen suchen mußte. Kain, ein rüstiger Sohn der Natur, über den Heva gleich bey seiner Geburt ausrief, das ist ein Mann, ein Herr, *) (Gott hatte ihr ankündigen lassen: die Herrschaft sey bey den Män=

---

*) Anmerkung des Verfassers. Meine Erklärung ist richtig. Gott eignete sich den Namen Jehovah erst zu den Zeiten Mosis zu, gab ihm einen Befehl darüber, diesen seinen Namen nicht zu mißbrauchen. Er drückte den Begriff am besten aus, den wir uns von der Gottheit zu machen haben. Etwas das lebt, gelebt hat, leben wird, alles um sich belebt. Ursprünglich heißt das Wort nichts anders als ein Vater des Lebens, und Heva hatte recht, so über ihren Sohn zu rufen, da Adam, als ihm im Paradiese der Tod für seine Vergehung angekündigt wurde, mit voller Seele rief: Heva! und sein Weib ansahe, du bist eine Mutter des Lebens, du wirst wenigstens Leben noch fortpflanzen, wenn ich todt seyn werde. So hier Heva: ich habe wieder einen lebendigen Mann, einen Vater des Lebens, einen Herrn.

Männern), Kain, mehr Nachahmer als Genie, mehr Thier als selbstständig denkender Mensch, folgte Adam in seinem Gewerbe nach. Abel, mit feinern Organen versehen, dachte auf eine leichtere Art, sich Genuß zu verschaffen, merken Sie wohl, er dachte — welches damals viel sagen wollte.

Kain mochte von seiner Mutter die Geschichte des Baums gehört haben. Engherzigkeit und Furcht sind allemal die Gefährten eines eingeschränkten Geistes. Er schloß, das über ihn erhabene Wesen werde dadurch beleidigt, wann er genöße, er theilte also mit ihm. Abel fühlte dieses Wesen zu sehr erhaben, als daß es ihm einen Genuß beneiden könnte, aber er kam nach dem Genusse, und goß das übrige seiner Milch zum Zeichen seiner Erkenntlichkeit vor diesem Wesen aus, von dem ihm seine Eltern auch schon manches Gute musten erzählt haben.

Nothwendig muste Gott das Opfer besser gefallen, und er (durch den Cherub vielleicht) es Abeln bestätigen lassen, daß er sich bessere Begriffe von der Gottheit gemacht, als sein Bruder Kain.

Hier fieng die Natur ihr Spiel an, der Neid erwachte, Zorn, Begier, den von dem
hohen

hohen Wesen besser Begünstigten aus dem Wege zu schaffen. Er redete mit ihm vermuthlich sehr lakonisch — kaum waren sie aus dem Angesichte des Engels, so schlug er ihn todt.

Und nun sollt' er empfinden, in welchem Verhältnisse er mit seinem Bruder, (ißt nur noch als ein bloßer Nebenmensch), gestanden. Die ganze Erde nahm Theil daran, gab ihm, wo er baute, das Vermögen nicht. Diese physische Strafe, die ihm angedräut wurde, verstand er vielleicht noch nicht, da er damals noch schwerlich den eigentlichen Ackerbau schon getrieben, aber die dunkle Vorempfindung davon setzte ihn in ein unnennbares Schrecken. Meine Sünde ist größer, als daß sie mir vergeben werden kann. Setzen Sie sich in seine Stelle, ein Mensch, der keinen andern Hinterhalt wußte, als Aehren, die die Natur ihm bot, ißt fortgeschröckt in eine Gegend, wo die Natur, auch wenn er Kunst anwendete, ihm nicht ihr Vermögen geben würde. Welche Empfindung von seinem Unrecht muste diese physische Strafe in ihm zurück lassen, zugleich welche Empfindung des Verhältnisses, das er verletzt hatte.

Das folgt auch unmittelbar darauf. Siehe, nun wird mich auch todtschlagen, wer mich

mich antrifft. Hier entwickelte sich sein Ver#
stand mit seiner Furcht. Und Gott muste ein
Zeichen thun, irgend eine ihn befremdende
Begebenheit, ein Wunder, um ihm wieder
Muth beyzubringen, seinen neuen Kolonisten#
stand anzutreten.

Hier giengen die Entwickelungen schleunig,
die Noth, die große Lehrmeisterin, machte ihn
und seine Kinder verschmitzt. Sie bauten sich
Häuser zusammen, Embyonen von Städten,
trieben Heerden zusammen, durchwühlten die
Gebirge, verschafften sich Eisen, das rauhere
Feld mildthätiger zu machen, erfanden schon
Pfeiffen und schöne Künste, sich das verdoppelt
mühsame Leben angenehmer zu machen. Der
Geist, den die Gottheit in sie gelegt, wirkte
immer stärker, je nachdem sich die Schwürig#
keiten anhäuften, die ihnen in Weg traten.
Noch aber hatten sie keinen Begriff von ihren
gegenseitigen Verhältnissen und Beziehungen zu
einander, außer daß sie aus ihres Vaters Er#
zählung wußten, daß Todtschlag ein Uebel sey,
das von siebenfältigen Widerwärtigkeiten als
Strafen begleitet würde. Lamech, ein heftiger
Mann, wie es aus seinen Reden erhellet,
schlug in einem Anfall des Jähzorns zwey auf
einmal todt, und seine Furcht ward um sieben

und

und siebenzigmal größer als Kain seine, ob sie aber in Erfüllung gegangen, scheint mir sehr zweifelhaft. Widerwärtigkeiten als Strafen werden ihm gewiß des Exempels wegen zugestoßen seyn, ob aber in der Proportion, mag ich nicht zu sagen. Lächerlich scheint es mir, wenn ihn einige gutmeinende Geistliche mit Hübnern darum so gottesvergessen ausschreyen, weil er zuerst zwey Weiber genommen. Ein stillschweigendes Gesetz hatten freylich die Menschen schon für die Monogamie, aber sie waren noch nicht fein genug, es zu empfinden, geschweige mit dem Verstande einzusehen, wozu ja die Welt noch heut zu Tage nicht alt genug ist. Was die Ausdrücke: Gott nahm das Weib aus des Adams Ribben — gab ihm, nachdem er ihm die ganze beseelte Natur vorbey geführt, diese Einzelnheit zum Kompliment aller seiner Existenz — sagen wollen, empfinden nur die in seltenen glücklichen Stunden, die nie auf den Namen eines Gelehrten Ansprüche machen werden, schuldlose und arbeitsame Landleute, ihrem Glauben und ihrer alten Sitte getreu, ohne Idee von Lastern, die ganz über ihre Sphäre erhaben sind, und abgesagte Feinde aller Schnörkel des Verstandes und Herzens.

Seth.

Seth.

Wir wissen aus der Geschichte, daß bey allen ersten Völkern bey jedem Neumonde Zusammenkünfte zum Lobe ihrer Gottheiten üblich waren. Nicht undeutlich führt uns die Bibel auf den Ursprung und Urheber dieser damals so löblichen Gewohnheit. Zu Seths Zeit fieng man an des Herrn Namen anzurufen.

Verdiente ein Mann nicht vorzügliche Gunst der Gottheit, der mit jedem neuen Monath die Idee des Einigen über alles Erhabenen auf seine Kinder und Enkel fortpflanzte. Verdienten seine Kinder, so in Ansehung des einfachen Wesens und der Erhabenheit der Gottheit erleuchtet, nicht vorzügliche, in die Augen fallende Fürsorge derselben, der keine Sorge so anliegen konnte, als wie der ächte und wahre Begriff von ihr bis an die Ende der Erde und zu den entferntesten Zeiten fortgepflanzt werden möchte? Daß Seth persönliches Verdienst mit dieser Begünstigung der Gottheit verbunden, darinn kommen alle alten Geschichtschreiber überein. Die Kainiten selbst verehrten ihn (vielleicht wegen seinen Sternerkundigungen und des Anfangs, den er machte, steinerne Säulen mit gemeinnützigen und

hiero-

hieroglyphischen Figuren zu beschreiben, die den Egyptiern nachmals so zu statten kamen, und unsere ganze Buchstabenlitteratur gegeben), als einen Gott, und seine Kinder hießen Kinder Gottes.

Da die Egyptier die Namen der zwölf himmlischen Zeichen überkommen, so läßt sich mit eben so sicherm Grunde schließen, daß sie auch den Labyrinth und die Gewohnheit durch eine Bilderschrift dem ganzen Volke den Anwachs des Nils und andere gemeinnützige Sachen mitzutheilen, den Sethiten zu verdanken haben. Josephus Erzählung von den steinernen Säulen, die Seth mit astronomischen Figuren soll beschrieben haben, (welches wohl nichts als Nachbildungen der Constellationen waren), hernach die ebräischen Buchstaben, die er soll erfunden haben, welches unmöglich die seyn können, die wir izt besitzen — scheinen dies zu bestätigen.

Opfer.

Noch unter den Philosophen niemand hat einen Schlüssel zu dem seltsamsten aller moralischen Phänomenen gesucht, daß überall, auf unserer alten Welt, Menschen die Gottheit mit dem

dem Blute unschuldiger Thiere zu versöhnen suchen. — Hat der Mensch von Natur Wohlgefallen an Blut, so gehört er unter die Raubthiere, und ist noch schlimmer als die. Hat ers nicht, wie konnt' er je auf die Raserey kommen, seiner Gottheit diese häßliche Eigenschaft anzudichten.

Und doch waren nach den Dokumenten der Offenbarung die Brandopfer älter als die Sündfluth, weil Gott in Rücksicht auf selbige, Noah mehr reine als unreine Thiere in den Kasten nehmen läßt.

Dagegen waren die Opfer Kains und Abels nur Speisopfer, wie sie im dritten Buch Mosis beschrieben werden, Mehl, Oehl, Milch, Fettigkeiten nach dem Grundtexte; denn Thiere zu essen, also auch zu schlachten, hatten sie damals weder Befehl noch Erlaubniß, noch auch, wie mich mehr als wahrscheinlich dünkt, das Herz.

Auch findet sich der Name Brandopfer nicht eher als nach der Sündfluth, und daß ein wesentlicher Unterscheid auch in Absicht des Zwecks unter den Speis- und Brandopfern war, erhellt aus dem ganzen Ceremonialgesetze. Sonderbar, daß erstere gewöhnlich immer mit den Worten im dritten Buch Mosis begleitet
sind:

sind: Zum süßen Geruch dem Herrn. Es waren ursprünglich Opfer der Erkenntlichkeit für gehabten Genuß, wie die Libationen bey den Heiden, die, wie mich deucht, zum Andenken des frommen Abels beybehalten, und nachmals geheiligt wurden.

Noch von keinem einzigen moralischen Verhältniß hatten die Menschen ein positives Gebot Gottes, sollten auch keines bekommen, sondern sich selbst eines zu ihrem gemeinen Besten abstrahiren. Das ist die beständige Oekonomie Gottes im alten und neuen Testamente. Kain muste selber fühlen, daß er unrecht gethan, aus den Erfolgen seiner raschen That sich den Grundsatz abziehen: es ist nicht recht, Blut seines Bruders zu vergießen. Die Gottheit hat durchaus nie unterrichtende Wunder thun, nie vom Himmel herab reden wollen.

Beyspiel war in den damaligen Zeiten alles, Beyspiel war, was bey uns Katheder, Kanzel, Tribunal. Vor Kain war nie Blut vergossen noch gesehn worden. Mit seinen Andern in Mangel und Noth auf einem harten Boden — einer seiner Kinder schlug ein Vieh todt, um es zu essen. Panischer Schrecken überfiel ihn. Blut, Angst und Strafen waren Ideen, die sich damals ganz natürlich

bey

bey jedem aſſociirten. Das Beyſpiel Kains ward alſo nun auch Moraliſt, Gewiſſensrath, Richter. Er theilte ſein geſchlachtet Vieh mit dem oberſten erzürnten Weſen, um allenfalls deſſen Mißfallen an ſeiner Sünde damit auszuſöhnen, er verbrannte es vor ihm; Friede erhub ſich in ſeiner Seele, er fühlte, daß Gott ſein Sündopfer genehmiget hatte.

Sündfluth.

Von der Ehe hatten die Menſchen eben ſo wenig ein poſitives Geſetz, aber ſie hatten Beyſpiel, redendes Beyſpiel von Adam an. Da ſich aber die Menſchen begannen zu mehren, näher zuſammen drängten, nicht ſich Familienweiſe zu zerſtreuen brauchten, hiengen ſie dem Naturtriebe ohne Auswahl nach, was ihnen ſchönes vorkam, beſchliefen ſie.

Die ſchrecklichen Folgen der Venus vulgivaga ſpringen nicht deutlicher in die Augen, als in der Geſchichte und Reiſebeſchreibungen von Amerika und Afrika. An den Ufern des Senegal und auf den Antillen, beſonders Hiſpaniola, von wo wir ſie nach Europa mit amerikaniſchem Golde herüber gebracht haben, wütet die veneriſche Krankheit ungeſtört und unumſchränkt. Und wie ein Engel des allgemeinen Weltgerichts flog ſie zu den Zeiten Karls des achten durch Europa, und Millionen Aeſer ſtreckte ihr ſeelverderbender Athem danieder.

Zu geſchweigen, daß eine ſolche willkührliche ungeordnete Vermiſchung alle Bande und Beziehung der menſchlichen Geſellſchaft zerriß, wodurch ihre allgemeine und individuelle Glückſeligkeit allein aufrecht erhalten werden und glänzend bleiben kann: ſo hätte eine ſolche Generation Menſchen in der Folge der Zeit die elendeſte Nachkommenſchaft geben müſſen, denn ungeachtet es heißt, daß Rieſen aus dieſem Beyſchlaf entſprungen, welches anfangs wegen der ungebundenen, und blos durch Luſt und Reiz beförderten Begehungen natürlich war, ſo läßt ſich doch auch nur bey mittelmäßiger Kenntniß eben dieſer Natur ein Schluß machen, wie in der Zeitfolge, durch zu oft und vielfach wiederholte Erſchöpfungen die ganze menſchliche Race abgeartet, und elend an Körpern und Geiſtern geworden ſeyn müßte.

Das Beyſpiel riß um ſich wie die Peſt. Noah und ſeine Söhne waren allein ausgenommen, denn es heißt: ſie hatten Weiber. Alles Fleiſch hatte ſeinen Weg verderbt, es mußte in Naturphänomen kommen, das die Men-

ſchen

schen bis auf Enkel und Urenkel über diesen Punkt belehrte. Wir finden vorher nirgends die Nachricht: Gott hatte noch nicht regnen lassen auf Erden, durch eine Gegennachricht aufgehoben. Die Sündfluth war der erste Regen, dessen Moses gedenkt, und also auch der drauf erfolgende Regenbogen kein neu erschaffener, sondern eine natürliche Folge des ersten Regens. Und dieser erste Regen wird Ueberschwemmung, und um den Nachkommen Noah die Furcht zu benehmen, daß nicht etwa wieder beym nächsten Regen dasselbe erfolgte, setzte Gott ihnen den Regenbogen, das natürliche Phänomen, zum Zeichen ein.

Wo bleibt nun das Wunder, und alle Apologien desselben?

Nachholungen aus der Geschichte der Sündfluth.

Mich deucht, ein Hauptfehler bey dem Gesichtspunkte, aus dem Bibelerklärer und Layen bisher die Bibel angesehen, ist, daß sie sie für eine unmittelbare göttliche Offenbarung halten, da sie doch nichts anders als die genuine Geschichte der göttlichen Offenbarungen ist. Wir werden dieses im folgenden unter dem Artikel

tikel Moses näher auf die fünf Bücher Moses anwenden, und dieser Gedanke wird, hoffe ich, uns ein Licht in mehr als cimmerischen Finsternissen aufstecken, wenn von Widersprüchen die Rede ist, deren sich der Geist Gottes schuldig gemacht haben soll und die doch bloß auf der Rechnung des menschlichen Geistes stehen.

Die Menschen wollen sich meinen Geist nicht strafen lassen, kann, meiner Meynung nach, auf keine Weise vom H. Geiste verstanden werden, von dessen unmittelbarer Einwirkung wir unten weiter handeln wollen, wenn von Propheten die Rede ist.

In dem ganzen Zusammenhange dieser Worte können sie hier nichts anders heißen, als: was um Jahrtausende später Christus als Sünde wider den Geist verdammte: die Menschen handeln wider ihre Ueberzeugung.

Lassen Sie uns die Imagination anstrengen, uns in jene Zeiten zurück zu setzen, denn dazu gehört Abstraktion von unserer ganzen heutigen Welt. Die Kinder Seth (oder in der Bibel die Kinder Gottes) unterrichtet von einer Gottheit, die ein Ehepaar geschaffen, umringt mit lauter Beyspielen von Ehen, sehen es nun Monogamien oder Bigamien, ein Heer aufblühender Schönen füllt ihnen Aug und Seele

Seele mit Wohlgefallen, sobald sich aber die Begierden empörten, rasten, mit Ungeduld gestillt wurden, löschte dieses Wohlgefallen aus, sie sehnten sich nach anderm Fleisch, um sich das gehabte Vergnügen zu reproduciren, mit jedem neuen Versuche verlor dies Vergnügen von seiner Entzückung, am Ende nervenlos, erschöpft, nur Asche noch, in der die ersterbende Flamme ohnmächtig glimmte — konnte ihr Selbstgefühl, ihr Bewustseyn, konnte der Geist, den Gott in sie gelegt, sie ungestraft lassen? Und doch ließen sie sich nicht von ihm bestrafen, sündigten bey jedem neuen Anlaß wider ihr ruhiges Gefühl, wider ihre Ueberzeugung fort.

Wir sehen, daß diese Erklärung nothwendig die wahre seyn müsse, aus dem Zusatze, daß Gott ihnen hundert zwanzig Jahre Zeit gelassen, damit sie durch die physischen Folgen ihrer Laster zur Erkenntniß derselben gebracht würden, und da sie dem ungeachtet ihrer bessern Erkenntniß entgegen handelten, folgte Gericht und Untergang.

Kanaan.

Wir finden nach der Sündfluth eine noch bedeutungsvollere Begebenheit, wie mich deucht,

von allen Bibelerklärern, wo nicht überſehen, doch mißverſtanden und das bloß aus Mangel der Abſtraktion und Zurückſetzung in jene Zeiten.

Die Reihe ſitzender Geſchöpfe, die bisher über die heiligen Bücher gebrütet, haben unter andern Romanen und Viſionen, die ſie hinein getragen, auch dieſe, daß durch die Sündfluth die Erde verderbt worden, ihre ganze vorige Fruchtbarkeit, Anmuth ꝛc. verloren habe, wie durch den Sündenfall. Aus dem Garten Eden, einem Platze voll Obſtbäumen, machen ſie ein Feenſchloß, und aus der Erde nach der Sündfluth eine wüſte Robinſonsinſel. Und doch pflanzte Noah unmittelbar darauf Weinberge, oder vielmehr er erzog die Weinreben, die die Natur gepflanzt hatte, und ehe noch die Erde ganz trocken war, finden wir die erſte Erwähnung von Oelbäumen. Ich denke, der zurückgelaſſene Schlamm kann dem Boden nicht übel gethan haben, da ja ganz Egypten ihm ſeine Fruchtbarkeit zu danken hat. Und ſo hätte ſich, meiner Meynung nach, der Erdboden verbeſſert, an ſtatt ſich zu verſchlimmern, ja vielleicht war die Sündfluth (neben der moraliſchen Abſicht) eine phyſiſche Veranſtaltung Gottes, uns einen Boden für den Weinbau zu geben.

Noah

Noah nach einigen Verſuchen koſtete zu viel
von dem daraus bereiteten berauſchenden Moſte,
ſein erhitztes Blut brachte die Lebensgeiſter in
Unordnung, er entſchlief, lag aufgedeckt. Ka‐
naan ſein Enkel, noch im Knabenalter, ſah
ihn, freute ſich über den Anblick, rief den Va‐
ter hinzu, und bekam dafür den Fluch, der
in ſpäterer Zeit auf die ſchröcklichſte Art an ſei‐
nem ganzen Volke in Erfüllung gieng.

Worinn beſtand ſein Verbrechen?

Wir wiſſen aus der Epiſtel an die Ebräer,
daß bey den Patriarchen der letzte Segen an
ihre Kinder Weiſſagung war. Und der Fluch
gewiß nicht weniger, denn wer kann ſich einen
Vater denken, der, ohne ein wildes Thier zu
ſeyn, die Frucht ſeines Leibes verwünſchen könnte?

Der Fluch, den er Kanaan giebt, ſcheint
mir eher eine trauervolle Weiſſagung zu ſeyn,
Noah ſah in die Zukunft, ſah das ganze End‐
ſchickſal der Kananiter.

Ich finde hier den Urſprung der bem gan‐
zen menſchlichen Geſchlechte ſo verderblichen
Selbſtbefleckung, die Onan nur hernachmals,
vermuthlich durch das Beyſpiel eines Kanani‐
ters angeſteckt, wiederholte. Noah hatte eine

Saamenergießung gehabt, Kanaan, ein unreifer und fürwitziger Knabe, freute sich darüber, Sem und Japhet voll Ehrfurcht deckten mit verwandtem Angesichte ihres Vaters Schwachheit zu: als Noah erwachte und man ihm den Verlauf der Sache erzählte, sah er die unglücklichen Folgen alle vorher, die diese Entdeckung auf den jungen Kanaan und durch sein Beyspiel vervielfältigt, dereinst auf seine ganze Generation haben würde. Zorn, Niedergeschlagenheit, Schaam beklemmten wechselsweise sein Herz und machten ihn in betrübte Prophezeihungen ausbrechen.

Man setze sich nun in die Gemüthsverfassung Noahs, noch in ganz frischem Andenken, das göttliche Strafgericht über den concubitum promiscuum, bey dem immer doch der Endzweck der Natur, die Fortpflanzung des menschlichen Geschlechts noch erhalten wurde, zu einem Kützel Gelegenheit gegeben zu haben, der bey Entstehung eines Weibes, mit so wenig Mühe, so geschwind und so heimlich befriedigt wird, ein Wurm wird, der das ganze junge menschliche Geschlecht in seiner Blüthe annagt, und dem von menschlichen Anordnungen nichts einmal in den Weg gelegt werden kann, und das auf Enkel und Urenkel fortgepflanzt — eine furchtbare Perspektive!

Noch

Noch ist in der Sündfluthsgeschichte das Opfer merkwürdig, das Noah brachte, und wodurch er, wie mich deucht, sich erst die positive Erlaubniß Gottes, geschlachtete Thiere zu essen, erworben hat, die seinen Vorgängern immer noch ein halbes Verbrechen geschienen war.

Moses.

Lassen Sie uns hier diesen merkwürdigen Mann als Geschichtschreiber beäugen, eh wir ihn weiter unten als Gesetzgeber kennen lernen wollen.

Man darf nur einen aufmerksamen Blick auf das, was uns aus der Zusammenstimmung der meisten alten Geschichtschreiber, denn das nenn' ich Geschichte, von der ersten bürgerlichen und religiösen Verfassung der Aegypter bekannt ist, werfen, um einen Wink zu bekommen, wo Moses seine Weltgeschichte her hatte, und wie authentisch sie war.

Daß die Egyptier, wie die meisten alten Nationen unsers orbis antiquus, es von ihnen gelernt, Steine mit Hieroglyphen beschrieben, an geheiligten Oertern aufbewahrten, deren Erklärung sich die Priester, ihre einzigen Gelehrten, anmußten, ist bekannt. Auf diesen

Steinen verewigten sie ihre Gesetze, ihre Geschichte, ihre Geheimnisse. — Als die Buchstabenschrift erfunden ward, gab diese Bilderschrift, (deren wahrer Sinn mit der Zeit vernachläßigt ward, verlohren gieng, höchstens in den Händen der Priester blieb, die, um sich mit ihrer Religion zugleich dem Volke wichtig zu machen, einen geheimnisvollen Schleyer drüber zogen) Gelegenheit zur Jdololatrie und den unerschöpflichen Bereicherungen fabelnder Dichter, die blos wegen ihrer Erfindungskraft den Namen Poeten bekamen.

Herder nennt die Geschichte des babylonischen Thurnbaues ein morgenländisch Poëm, es scheint, er nehme das ganze erste Buch Mosis für eine Ueberlieferung gewisser Volksgedichte an, die Moses zuerst gesammelt. Mich deucht, man könne mit mehrerem Grunde es eine morgenländische Hieroglyphe nennen, Geschichte unter symbolischen Vorstellungen in Stein gehauen, die Moses, in den Geheimnissen der egyptischen Priester unterrichtet, entzifferte, erzählte. Wenigstens entspricht der ganze Charakter der Genesis dieser Vorstellungsart, sein Styl ist ungleich bilderreicher als aller andern Mosisbücher, und immer bilderreicher,

reicher, je tiefer ins Alterthum zurück, je weniger Worte — willkührliche Zeichen die Menschen hatten, je mehr all ihre Erkenntniß noch Anschauen, Bild, Gemählde war.

Daß solche Monumente da waren, läßt sich aus den Monumenten der Egypter, aus der beständigen Gewohnheit der Egypter, zum Andenken merkwürdiger Begebenheiten gewisse Denkmäler aufzurichten, welches die eigentliche Entstehungsart der Altäre ist, mehr als wahrscheinlich machen. Und nun kommen wir auf Noahs Opfer zurück, von dem zuerst steht, daß er dem Herrn einen Altar gebauet.

Was ist natürlicher, als daß dieser Altar nichts anders war, als ein Denkmal, eine Verewigung der Geschichte der Sündfluth? und daß Noah nicht auf diesen Einfall gekommen wäre, wenn es nicht schon vor der Sündfluth üblich gewesen, merkwürdige Geschichten durch gewisse symbolische Zeichen zu verewigen?

Sollte aber ein bloßer Steinhaufe ein redendes Gemälde einer so und so charakterisirten Begebenheit seyn? Wo blieb die Aehnlichkeit, das Verhältniß dieses Zeichens zu der bezeichneten Sache?

Mich deucht, dieser Altar bestand aus einigen wenigen Steinen mit Hieroglyphen, die Noah

Noah als seine Bibliothek in die Arche mitgenommen, er setzte sie hier zusammen, und fügte einen neuen Stein hinzu, auf dem die Geschichte der Sündfluth unter gewissen symbolischen Zeichen eingehauen war.

Noah als Prophet.

Wir finden, daß Gott mit Noah geredet. — Die Art, wie die Gottheit sich den Propheten des alten Testaments verständlich gemacht, wagen wir nicht zu bestimmen. Paulus in der Epistel an die Ebräer, als der beste Kommentar, den wir darüber haben können, sagt uns freylich, es sey πολυμερως auf verschiedene Weise geschehen, doch giebt er uns einen Wink, den wir unmöglich mit dem seligen Luther so ganz aus der Acht lassen können, er redete εν τοις προφηταις in den Propheten. Mich deucht, die Sprache Gottes war an den Geist dieser Leute gerichtet, wiewohl vorher gewisse äußerliche Zeichen, Erscheinungen, Gesichte, sie auf eine nun nähere Offenbarung des göttlichen Willens können aufmerksam gemacht haben. Sie fühlten sich in einem außerordentlichen Zustande, alle ihre Kräfte waren gespannt, alle ihre Geister waren erhöht und von einem unaus-

unausſprechlichen Wonnegefühl durchdrungen, und dieſer göttlichen Offenbarung glaubten ſie, theilten ſie als gewiſſe Wahrheit mit, und erwarteten getroſt ihre Erfüllung. Doch muß ein gewiſſes charakteriſtiſches Zeichen dieſelbe immer vergeſellſchaftet haben, um ſie zu vergewiſſern, daß kein Betrug ihrer Phantaſey mit unterlaufe, wie bey unſern neuen Schwärmern, und dies Zeichen nannten ſie Gott: und Gott ſelbſt.

Eine jede dergleichen Offenbarung war freylich ein Wunder, aber kein kosmologiſches, ſondern ein pſychologiſches; ſie fühlten in ihrer Seele Regungen, Gedanken, Worte, die in keines Menſchen Herz kommen waren, ſie fühlten ſie ſo anſchauend, ſo klar, deutlich, daß ſie ihnen in dem Augenblick keinen Zweifel übrig ließen, obgleich hernach, wenn dieſe Helle in ihrer Seele verſchwunden war, manche trübe Gedanken und Zweifel in derſelben aufſteigen mochten, die ſie aber durch das, was der Apoſtel Glauben nennt, die Heldentugend des Gottſeligen, glücklich überwanden und überſchwengliche Belohnung dafür empfiengen.

Bey dieſer Erklärungsart ganz allein und bey keiner andern kann ich begreifen, warum
Paulus

Paulus uns ihr Exempel mit so mächtigen, nachdrucksvollen Worten anpreißt. Was für Verdienst hätte Noah, wenn er Stimmen vom Himmel aus zerrissenen Wolken hörte: er solle sich ein Schiff bauen? Würde es in seinen Umständen nicht jeder andere alsdenn ihm nachgethan haben? Aber er überwog das gesetzlose zügellose Verhalten seiner Mitmenschen, er fühlt' es, das könne ohne Strafe nicht bleiben, Gott müß' es sich reuen lassen, solche Menschen gemacht zu haben ꝛc.

Alles das zusammen genommen, vielleicht auch Wolken, die er auf einmal an dem tausend Jahre lang heitern Sonnenhimmel urplötzlich aufziehen sah, veranlaßten Wort Gottes — Ueberzeugung in seiner Seele, er gieng hin, sann, baute. — Die Worte Pauli: „durch „den Glauben ward Noah gewarnet für Din„ge, die er noch nie gesehen, er verehrte diese „Warnung, baute sich eine Arche zur Rettung sei„ner Familie, und durch diesen Glauben sprach er „der Welt das Urtheil, und ward ein Erbe der „Gerechtigkeit, des Rechtthuns, das allein „aus dem Glauben kommt.„

Noah prophezeyhte also nicht wie die nachmaligen Propheten, mit Worten, sondern durch Handlungen, er baute sich, seit der Zeit

viel

vielleicht, da die ersten Wolken angefangen sich sehen zu lassen, ein Schiff, und wahrscheinlicher weise hat ihm dieser Bau hundert und zwanzig Jahre Zeit gekostet: da denn die Menschen noch Zeit hatten, sich durch diese Anstalten eines Mannes, der sich durch seine besondere Ehrfurcht vor der Gottheit berühmt gemacht, schröcken zu lassen. Sieben Tage vor der Sündfluth aber bekam er die zweyte göttliche Offenbarung, welche ihn antrieb, nun mit seinem ganzen Hause und Provisionen in den Kasten zu gehen, und hinter sich zuzuschließen. Er gehorchte —

Sein Opfer scheint mehr als Abels Opfer, nicht mehr Ergießung des Herzens in Dank für verliehenen Genuß allein, sondern Darbietung eines seiner grösten Reichthümer, seines geschlachteten Thiers zu einer Art Aussöhnung der Gottheit gewesen zu seyn, die ihm itzt einen Widerwillen gegen das ganze menschliche Geschlecht gefaßt zu haben schien. Und während des Opfers noch ward er plötzlich der ihm ganz neuen trostvollen Erscheinung des Regenbogens gewahr, der hernach noch spät bey den Heiden Iris, der Bothe der Götter hieß — das war ihm Offenbarung, hier geschah ihm Wort Gottes in der Seele, sein Opfer sey angenehm,

D die

die Gottheit ſey verſöhnt, dies ſey das Zeichen, daß künftighin die Welt niemalen mehr durch einen Regen von der Art geſtraft werden ſolle. Zugleich Erlaubnis, die er ſich ſcheint erwünſcht, erbethen zu haben, geſchlachtete Thiere zu eſſen, nur nicht in ihrem Blute; denn Scheu mußte die junge Menſchenwelt, vor dem Blute alles deſſen das ſie umgab, behalten, das war hier das erſte poſitive Geſetz Gottes*) (obwohl in menſchlicher Seele gereiſt und abſtrahirt), wer Menſchenblut vergießt, deß Blut ſoll wiederum vergoſſen werden, ich Gott, der ſich itzt an deinem Herzen hören läßt, wills ſogar an allen Thieren rächen.

Abra-

*) Anmerkung. Aus einer Stelle des Ovids erhellet, im 15ten B. ſeiner Verwandlungen, daß dieſe Stelle: denn des Thiers Leben iſt in ſeinem Blute, eher als eine Erläuterung der Erlaubnis, Thiere zu eſſen, anzuſehen. Man fürchtete nemlich, es werde die Nahrung von dem Fleiſche dieſes Thiers, Einfluß auf den Geiſt der Menſchen haben, und ſie zu den Eigenſchaften der Thiere geneigt machen. Gott ſprach hier: wenn ihrs nur nicht noch eſſet in ſeinem Blute, ſo kann das auf eure Sitten und Neigungen keinen Einfluß haben, denn der Thiere Seele iſt in ihrem Blute.

Abraham. Melchisedeck.

Ich habe Ihnen nun, m. H., den Faden in die Hand gegeben, nach welchem sie glücklich durch alle ältere Offenbarungen der Gottheit bis an die letztere, die durch Christum geschehen ist, zu kommen, vermögend sind. Dieses charakteristische Zeichen, das dergleichen Entzückungen begleitete, war das substantielle Wort Gottes ὁ λογ☉, das erst in der Person Christi verkörpert ward.

Zugleich giebt uns dies einen Wink auf die ganze Absicht der Erscheinung Christi im Fleisch, über die wir aber noch den Schleyer wollen liegen lassen, bis uns unsre anderweitige Betrachtungen dahin werden geführt haben.

Abraham reißte auf den göttlichen Befehl in seiner Seele nach Kanaan, dort erschien ihm dies Zeichen mit dem Worte der Verheissung in seiner Seele: dies Land wird dein. Er glaubte, baute dieser Erscheinung einen Altar, ein Denkmal, auf dem er sie verewigte.

Kurz darauf hatte er aber eine weit wunderbarere und bedeutungsvollere Erscheinung, als er einstens nach einem Siege den Weg durch Salem

Salem, das nachmalige Jerusalem, nehmen mußte. Hier nahm dieses Zeichen die Gestalt eines Königs und Hohenpriesters zugleich an, um ihm einen Blick in die ganze zukünftige Haushaltung Gottes zu geben, welches Christus nennet, habe seinen Tag gesehen. Unaussprechlich müssen hier die Worte der Offenbarungen Gottes in seiner Seele gewesen seyn, weil wir sie nur in Dank und Preis der Gottheit kurz ausbrechen lesen, daß er aber dies ganze prophetische Gesicht vollkommen verstanden, zeigt die Handlung, die auch Paulus so sehr aufnimmt: „er „gab ihm den Zehenten von allem." Er verstand nemlich, Salem würde in Zukunft der Ort seyn, wo das ganze Volk Gott Opfer bringen, wo die ganze Priesterschaft dazu bestellt und eingerichtet werden würde, und zu dem Ende den Zehenten des ganzen Vermögens seiner Nachkommen empfangen — er verstand, daß dieses Opfer sich zuletzt in bloßen dankbaren Genuß des Brodtes und Weines auflösen würde — doch, warum will ich Sie hier schon an Geheimnisse führen, die vielleicht erst unsern Nachkommen vollkommen deutlich werden, und die Abraham damals mit einem einigen entzückten Blick durchschaute!

Wenn

Wem über diese Erklärungsart noch Zweifel übrig bleiben, der lese das achte Kapitel an die Hebräer ohne schwindelnden Kopf, und wenn er anders diese Epistel für eines erleuchteten Mannes würdig hält, kann er keinen Augenblick anstehen, mir beyzufallen. Nur einige seiner Worte: „Ohne Vater, ohne Mut„ter, ohne Geschlechtsregister, weder Anfang „der Tage noch Ende seines Lebens kennend, „aber ähnlich gemacht, (merken Sie es) ähn„lich gemacht dem Sohne Gottes, (dem im „Fleische erschienenen Christus.)

„Bedenkt aber, wie groß der seyn muß, „dem Abraham, der Patriarch den Zehenten „gab.

„Die Priester verzehnten ihre Brüder, als aus „Abrahams Lenden mit ihnen hervorgegangene.

„Dieser aber, nicht aus ihrer Stammta„fel, verzehnte Abraham ――― segnete den ――― „der schon die Verheissungen hatte.„

„Ohn allen Widerspruch muß doch der Seg„nende größer seyn als der Gesegnete.„

„Bey ihnen verzehnten sterbliche Menschen, „hier aber der, der bestätigt ist, daß er lebe.„ Und so geht er fort, und beweißt, daß die Erscheinung nicht blos den alten Opferdienst allein, sondern auch schon die Aufopferung Christi

und

und sein Hohespriesterthum angedeutet habe. Und führt den Beweis aus einem Schwur der Gottheit: Gott schwur durch David: du bist der Priester nach dem Symbol des Melchisedecks.

Wer kann wider einen solchen Beweis was einwenden?

Mosaische Gesetzgebung.

Einleitung.

Wir überhüpfen itzt alle Zwischenerzählungen, so wichtig sie uns sind, und werfen uns auf einmal in die Mitte des Tempels unserer Religion, um von da freyern und weitern Gesichtspunkt bis in ihr allerheiligstes zu bekommen.

Wollte Gott Geist und Herz der Menschen erweitern, um ihn ganz zu erkennen, ganz zu fühlen, so mußte er von außen anfangen, ihre Verhältnisse zu einander zu bestimmen, damit, wenn sie die wohlthätigen Einflüsse einer richtig geordneten Gesellschaft erführen, das Resultat davon früher oder später, die höchstmöglichste Glück-

Glückseligkeit, ihre Empfindung gegen den Gott, der sie dazu erschaffen, auf den höchsten Grad der Dankbarkeit triebe.

Vergleichen wir, mit einem ganz lautern, von Partheylichkeit unbefangenen Blicke, Moses den Gesetzgeber, mit den Gesetzgebern andrer alten Völker, so zeigt sich uns ein ganz besonderer Charakter seiner Gesetze im Ganzen genommen, der uns anfangs befremdet, bey längerm Nachhängen der Aussicht aber unser Auge mit dem Ziel dieser Gesetzgebung befriedigt.

Alle seine Gesetze, wenigstens die wichtigern, sind negativ, verbieten, zwecken nicht zum Glanz, zur Größe, zur Macht seiner Nation unmittelbar ab, wie die anderer Legislatoren. Und diesen Charakter haben sie sogar mit allen Gesetzen Christi und seiner Apostel gemein.

Und eben das beweißt uns, daß sie nicht einzelne Gesellschaften, sondern eine Welt umfassen sollten. Wir wollen dies mit Exempeln erläutern.

Lykurg hatte vorzüglich zum Fokus seiner Gesetzgebung, den edlern Theil seiner Nation zu braven Soldaten zu machen. Solon beförderte durch ein merkwürdiges Gesetz alle Künste überhaupt, da er den Söhnen untersagte, ihre Eltern zu ernähren, wenn diese sie nicht in ihrer Jugend zu einer Kunst angehalten hätten. Ein anders positives Gesetz (so nenn' ich die Gesetze, die unmittelbar dazu abzwecken, den äusserlichen Wohlstand, Macht und Glanz einer Nation zu befördern) war, daß bey einem Tumult diejenigen, die neutral blieben, am härtesten gestraft wurden, weil er durchaus keine Bürger haben wollte, die sich nicht für das Wohl des Vaterlandes auf eine oder die andere Art interessirten. Das gab Enthusiasmus von Vaterlandsliebe.

Bey den alten Gesetzgebern suchte der Staat seine Stützen, seine Erhaltung in sich selbst zu gründen, in dem Nationalgeist, der allen Bürgern so natürlich worden war, wie dem Vieh die Luft und dem Fische das Wasser.

Bey Mose nichts von diesem. Mag sich den Kopf zerbrechen, wer will, politische Staatsverhältnisse in dieser Gesetzgebung aufzufinden, sein Gesichtspunkt ist falsch, die Erfolge habens bewiesen, wenn Moses nichts weiter als Politikus gewesen wäre, so war das jüdische Volk das übelberathenste auf dem Erdboden, allein er wollte und sollte das nicht allein seyn.

Der Juden Gesetzgebung war Religion, Gesetzgebung für das ganze menschliche Geschlecht. Das Volk kam hier in keinen weitern Betracht,

als

als in so fern es Vehikulum war, diese Religion auf die ganze bewohnte Erde auszubreiten. Daher alle die göttlichen Anstalten, die sonst umsonst gewesen seyn würden, das Volk sollte sich nicht anders selbst erhalten, als durch seine Furcht vor Gott, durch seine Treue in dem ihm übertragenen Glauben, durch seine Befolgung der moralischen Gesetze Gottes, wich es davon, so ward es gestraft, das riecht so orthodoxisch, so alt, m. H., aber es ist wahr.

Alle moralischen Gesetze sind negativ, müssen negativ seyn, sie zeigen uns was, wir unterlassen müssen (sey es nun in Rücksicht auf uns allein oder in Rücksicht auf andere, auf die wir wechselseitig einfließen) falls wir uns nicht in Schaden und Unglück verwickeln wollen. Was wir zu thun haben, kann uns kein Gesetzgeber vorschreiben, oder er macht uns zu Klötzen und Blöcken, zu Maschinen und Rädern, die herumgedreht werden müssen, weil sie nicht von selber laufen können. Das mag der Fall wohl beym politischen Gesetzgeber seyn, der die Seele seiner Staatsmaschine ist, der das unbehelfsame Volk mit Gebiß und Zaum regiert wie ein Knabe den Elephanten — aber beym moralischen Gesetzgeber, der freyhandelnde selbstständige

dige Wesen bilden will, ist ers nicht und kann es nicht seyn.

Jetzt haben wir den Standpunkt, von dem ich Sie beschwöre, kein Haar breit abzuweichen oder Ihre ganze Kenntniß der Religion schwimmt. Hier schärfen Sie ihr Auge und wir wollen in die tiefsten ihrer Geheimnisse dringen, wie Orpheus und die himmlische Schöne zum zweytenmale aus der Hölle auf die Erde bringen.

So Moses — so Christus — und seine Apostel — Daher heißt das, was anfangs Gesetz war, nachmals frohe Bothschaft, Leben und Seligkeit, Glückseligkeit κατ' Εξοχην. Es bildet den Menschen bis zu dem Punkte, da er zu leben anfängt — und darnach läßt es ihn laufen.

Zurück Unheilige, die ihr hier Schminke entlehnen wollt, Laster und Tod zu bestreichen. Eurenthalben hat der beßre Theil der Welt lange trostlos nach Licht geschmachtet, und eine thörichte Behutsamkeit schröckt die Weisen der Erde, ihnen Licht zu geben, damit sich nicht irgend ein Teufel in die Gestalt eines Engel des Lichts einzukleiden wage.

Doch laßen Sie uns diese herrliche Aussicht eine Zeitlang einschränken und auffparen, laßen Sie uns vom Abstrakt zum Konkret zurück-
keh-

kehren, wie ein Reisender, der von einem außer Wegs liegenden Hügel die herrliche Königsstadt von weitem sah, nach der er im Schweiße des Angesichts eilt.

Verstehen Sie mich recht, ich muß mich hier wiederholen, um Ihnen recht deutlich in der Folge zu werden. Moses wollte keine mächtige, dauerhafte, glänzende Nation bilden, aber den Grundriß wollt' er legen zu einem Gebäude der Menschheit, er war also nicht Gesetzgeber seines Volks, sondern der Menschheit, nicht Seele seiner Staatsmaschine, sondern Mund der Gottheit, um ihr großes Werk in Gang zu bringen, und zwar zunächst an seinem Volke. Dies war der Grundriß des Gebäudes, das Gott durch ihn zeichnete, was geht michs an, daß seine Gesetze auch das äußere Beste des jüdischen Volks als jüdischen Volks bewirkten, das war Veranstaltung der Providenz, die überhaupt alle ihre moralischen Gesetze spät oder früh, nah oder fern, auch mit äußerer Glückseligkeit zu verbinden pflegt, daran war Moses als Politikus so unschuldig als ein Kind in der Wiege, oder er müßte ein Gott von Einsichten gewesen seyn. Pace tua sit dictum deutschhebräischer Montesquieu, dem ein für allemal von der Grille der Kopf umgeht,

Mosen

Mosen, den alten ehrwürdigen Mosen so gut in den Geheimnissen seiner Religion, aber so schlecht in der Kameralistik unterrichtet, zum neufränkischen Staasminister oder lieber zum Professor in Göttingen zu machen, und der uns damit aus dem ganzen Gemälde göttlicher Oekonomie eine willkührliche Karrikatur zerrt.

Moses, Christus und seine Apostel (denn die drey hängen alle zusammen) gaben also niemalen positive Befehle von Pflichten, von Schuldigkeiten, von — das haben sie ohne Zweifel den heutigen Moralsystematikern nicht vorgreifen wollen, die uns so schön nach Zoll und Linien zu berechnen wissen, was recht gehandelt sey, so und nicht anders — — nichts von diesem, wenn jene ein positives Gesetz zu geben scheinen, so war es nichts als Hülfe zu einem oder dem andern negativen Gesetze, das uns die Unterlassung dieser Sünde erleichterte. Sie waren also im eigentlichsten Verstande Aerzte des menschlichen Geschlechts — aber keine Pfuscher, wie die heutigen philosophischen und theologischen Moralisten, die uns mit Aderlassen und Purganzen unsere besten Lebenskräfte abzapfen wollen. Christus allein verdient im vollkommensten Verstande den Namen ιατρος, den Namen eines Arztes, und es war der Gottheit würdig,

lig, ein Arzt für das durch den unrechten Gebrauch seiner Freyheit beschädigte, verirrte, bis in die Knechtschaft der Moralsysteme verirrte menschliche Geschlecht zu werden. —

Doch um Gottes willen laßt uns von diesem heiligen Hügel herabsteigen, ihm ein Mahl aufrichten und zu der mosaischen Gesetzgebung zurückkehren.

Rückschweifungen.

Um auf einige Gesetze Mosis ein Licht zu werfen, müssen wir von den Erzählungen der Erzväter und ihrer Angehörigen und Zeitverwandten zu Hülfe nehmen. Sie scheinen aus Monumenten und mündlichen Ueberlieferungen (vielleicht in Volksgesängen) von Mose zusammengezogen zu seyn.

Aus der Geschichte sowohl Abrahams als Isaaks erhellt, daß zu ihrer Zeit auch unter den benachbarten Nationen der Begriff der Ehe schon gereift, ja zu einem Gesetze geheiligt war, dessen Uebertretung mit dem Tode bestraft wurde. Siehe das Verbot Abimelechs an seine Unterthanen über Rebekken. Ja es scheint (vermuthlich) die Sündfluth das Verbrechen des Ehebruchs in der Idee der Postdiluvianer so schwarz gefärbt

zu

zu haben, daß sie sich aus einem Todschlag weniger Gewissen machten. Abraham zweymal und Isaak einmal gaben ihre Weiber für Schwestern aus, um nicht erschlagen zu werden. Hätte man Fremdlingen nicht ohne Todschlag ihre Weiber abfodern können, so gut als man es hernach mit ihren Schwestern that?

Oder vielleicht hatte man von diesem Verbrechen noch kein Exempel, und folglich überall keine Idee.

Der Hurerey scheint es nicht besser gegangen zu seyn, wenigstens finden wir kurz drauf, daß ein Sohn Jakobs seine Schwiegertochter, eine Wittwe, in der ersten Uebereilung wollte verbrennen lassen, weil sie außer der Ehe schwanger worden war.

Zwey andere Söhne Jakobs richteten aus eben so ausschweifender Moralität eine Bluthochzeit an, die ihnen ihr Vater auf dem Todbette scharf genug verwies.

Alles dies beweiset uns, daß sich die Menschen ihre Ideen vom Recht und Unrecht hierinnen selber machten — und selber machen mußten, die Vorsicht winkte ihnen nur durch die physischen Erfolge ihrer Handlungen ein Gesetz für dieselben zu.

Ein

Ein solcher Wink war der Auftrag der Beschneidung, nachdem Abraham mit seiner Magd Hagar gehurt hatte, obwohl auf Erlaubniß oder Befehl vielmehr seiner unglaubigen Frau, die, weil sie die ihrem Manne von Gott geschehene Verheissungen nicht augenblicklich in Erfüllung gehen sahe, ungeduldig ward.

Zugleich hatte diese Ceremonie ihren medicinischen Nutzen, da die Patriarchen unter einem Volke wohnten, das alle mögliche Arten von Ausschweifungen so gar geheiligt hatte. In dem Gesetzbuche Mosis sagt Gott einmal über das andere: sie hurten ihren Göttern nach, darum sollten sie ausgerottet werden, und nach dem Josephus trug der Princeps von Sichem an einem Feyertage kein Bedenken, eine Fremdlingin, die aus der unschuldigen Absicht hingegangen war, ihren Gebräuchen zuzusehen, zu nothzüchtigen. In der Bibel heißt es, sie habe die Töchter des Landes sehen wollen, vermuthlich wie die das Fest feyerten, und Sichem that wohl nichts Ungewöhnliches noch Auffallendes, vielmehr wird das als etwas Sonderbares von ihm erzählt, daß er sich hernach noch einfallen ließ, dieses fremde Mädgen zu heyrathen:

Daß

Daß die Erzväter die Beschneidung gleichfalls für das genommen, Strafe und Verwahrungsmittel für Hurerey, sehen wir daraus, daß sie Sichem nicht eher ihre Schwester lassen wollten, als bis er dieser Kirchenbuße sich mit seinem ganzen Volke unterzogen hatte.

Jetzt werden wir den Ausdruck in der Geschichte Ger, eines Sohns des Juda, der von seinen Brüdern sich separirt und mit den Kananitern befreundet hatte, besser verstehen: er war böse vor dem Herrn, darum tödtete ihn der Herr. Wer an Mosis Art sich auszudrücken gewöhnt ist, siehet hier gleich, daß Ger sich durch die Ausschweifungen der Kananiten so verderbt hatte, daß, als er Thamar die eheliche Pflicht leisten sollte, er sich so erschöpfte, daß er in eine tödtliche Krankheit fiel.

Da sprach Juda zu Onan —— hier ist der Ursprung der nachher so merkwürdigen Leviratsehen, den Michaelis und Euler in der Poliandrie suchen, und das aus der unrecht verstandenen Stelle 5 B. Mos. 25: wenn Brüder bey einander wohnen —

Ein Gesetz des Solon, das er vermuthlich von den Phöniciern, zu denen er als Kaufmann nothwendig Reisen gethan haben mußte, herübergebracht, giebt dieser verwickelten Materie sie, wie mich deucht, kein kleines Licht. Besonders da es vermuthlich durch seine Neuheit damals, wie Plutarch sagt, einigen abgeschmackt und lächerlich, andern aber billig vorgekommen, es war nemlich, daß die Frau eines Unvermögenden die Erlaubniß hatte, sich unter seinen nächsten Anverwandten einen Vicar auszusuchen, damit bey der Ruptur seine Schande nicht bekannt würde.

Vergleichen wir mit diesem Gesetze die Worte des Juda, lege dich zu deines Bruders Weib, daß du ihm Saamen erweckest, das Verhalten des Onan, das Straffällige darinn, so wenig brüderliche Zärtlichkeit, seines Bruders Schande nicht zuzudecken, weil der Saame nicht sein eigen seyn, das heißt, das Kind nicht nach seinem Namen genennt werden sollte, so wenig Gehorsam für den Befehl seines Vaters, die göttliche Strafe, vermuthlich bey öfterer Wiederholung dieser Handlung, eine Krankheit, an der er am Ende starb (denn warum hier wieder ein Wunder annehmen?) so wird uns im Deuteronomion das Gesetz nicht die mindesten Scrupel mehr machen, "wenn Brüder bey einander wohnen, das heißt, wenn nach diesem durch Onans Geschichte, als Gesetz geheiligten Beyspiel, ein Bruder die Schande

E des

des andern dadurch vertuscht, daß er seine Stelle bey seiner Frau vertritt, so soll nach des erstern Tode der andere gehalten seyn, sie zu ehelichen, und der erste Sohn, merken Sie es wohl, der erste Sohn soll noch nach dem Namen des verstorbenen Bruders genannt werden, im Falle sie nicht schon bey Lebzeiten desselben von diesem Stellvertreter einen Sohn gehabt. Gefällt sie ihm aber alsdenn nicht, so sollen die Aeltesten vor ihm ausspucken: Pfuy schäme dich, deines Bruders Haus nicht einmal erbauen zu wollen. Das ist aber auch seine ganze Strafe, und er tritt sie darnach mit der Verlassenschaft des Bruders einem andern Anverwandten ab. So finde ich in dem ganzen Gesetze nichts als die äußerste Billigkeit, ich finde es eines göttlichen Gesetzgebers würdig. Aus der Geschichte der Ruth läßt hierwider nichts einwenden, das war keine Leviratsehe im eigentlichen Verstande, es war nichts weiter als die Erfüllung des Naturgesetzes, daß wer die Nachlassenschaft eines Mannes in Besitz nehmen wollte, verbunden war, seine Wittwe dazu zu nehmen. Boas sagt freylich, er nehme sie zum Weibe, daß er dem Verstorbenen einen Namen erwecke auf sein Erbtheil, daß sein Name nicht ausgerottet werde, aber dies war eher eine Großmuth

als

als eine Verbindlichkeit, wir finden auch nicht, da doch der ganze Proceß mit solcher Umständlichkeit beschrieben wird, daß vor dem nähern Erben ausgespuckt worden, weil er sich geweigert, Ruth zu heyrathen, denn er hatte nicht mit ihrem Manne zusammen gewohnt, auch würde, wenn das Schuldigkeit gewesen wäre, Naemi Ruth nicht eine Handlung gerathen haben, die ein ganz verstolnes Ansehn gewann, und da der gute Boas überlistet, nicht gezwungen werden sollte. Vielmehr würde sie selbst zu ihm gegangen seyn und ihn freymüthig an seine Pflicht erinnert haben. Auch hat das ganze Volk diese Großmuth des Boas anerkannt, sie brechen in Lob und Preis aus, welches ganz überflüßig und ungereimt auffällt, so bald wir annehmen, daß Boas nichts weiter that, als was er nach den Gesetzen thun mußte.

Sollten wir über dies Gesetz Mosis philosophiren, ob schon hier noch nicht der Ort dazu ist, so würden wir finden, daß er und nach ihm Solon nichts weißlichers erdenken konnte, um allen möglichen Unordnungen in den Ehen vorzubeugen. Wiewohl Solon immer auch hier sich mehr als Politikus, Moses mehr als Moralist zeigt. Solon erlaubte dies nur den reichen Weibern, die ihren Männern viel mit-

ge=

gebracht als ein Mittel, und zwar das kräftigste, die Handhabung eines andern Gesetzes zu befördern, an dem ihm weit mehr gelegen war, vermöge dessen er allen Bräuten, außer drey Kleidern und einigem Hausrathe, die Aussteuer entzog, und das darum, damit seine Bürger nicht aus Nebenabsichten heyratheten, sondern um Kinder zu zeugen, und aus Liebe. Denn er hatte Verstand genug, einzusehen, was aus einem schaalen zweydeutigen Bande entsprossene Kinder für schaale zweydeutige Bürger geben müßten. Moses aber, dem an Heiligkeit und Unverbrüchlichkeit der Ehen, aber auch am Hausfrieden eben so sehr gelegen war, erlaubte es ohne Einschränkung, daß zwey Brüder bey einander wohnten, und es ward als eine edle That, als ein Beweiß der brüderlichen Liebe angesehen, wenn ein Bruder sich dazu von seinem Bruder und dessen Weibe erbitten ließ, die Unterlassung desselben aber als etwas schimpfliches, das die Verachtung der Richter selbst nach sich zog. Eben diese Erlaubniß scheint aber hernach in Ehebruch ausgeartet zu seyn, und den schröcklichen Fluch nach sich gezogen zu haben, der um 2 Kapitel weiter aufgezeichnet steht: Verflucht sey, wer bey seiner Schwieger liegt, und weiter unten die Wiedervergeltungsstrafe: ein

Weib

Weib wirst du dir vertrauen laſſen, aber ein anderer wird bey ihr ſchlafen. Und widerſpricht alſo das Eheverbot: du ſollt deines Bruders Weibes Schaam nicht blößen im Leviticon, dem im geringſten nicht, ſondern ſcheint blos durch dieſen außerordentlichen Fall veranlaßt zu ſeyn, von dem Uebermuth und die Luſt ſo gern Gelegenheit nahmen, Ehebrüche zu begehen, die in Gottes Augen abſcheulich ſeyn mußten, denn vor wem ſoll ein Ehemann ſicher ſeyn, wenn ers nicht einmal vor ſeinem leiblichen Bruder ſeyn kann. Wenn aber ein Mann von der äußerſten Schande getrieben, (denn bey den Orientalern mußte die noch unendlich größer ſeyn als bey uns, da Fruchtbarkeit in der Ehe allezeit das Hauptobjekt ihrer Glückſeligkeit und Macht ausmachte), wenn er ſo kam, ſeinem Bruder ſein Weib hingab, dem Bruder, den dies Weib ihm ſelbſt vorgeſchlagen, weil er ſie nicht befriedigen konnte, um ſeinen Schimpf zuzudecken, das Geheimnis in der Familie zu behalten — ſo war das kein Ehebruch, ſo war das das einzige Mittel, allem Ehebruch vorzubeugen.

Mosaische Gesetzgebung. Christi Gesetzgebung und Tod.

Ich will, um würdig zu beschließen, um Ihre Geduld nicht zu ermüden, in diesem meinem letzten Federzug nichts thun, als erzählen, und so viel möglich mit den Worten der Offenbahrung. Wird das Gemählde, das ich hier aufstellen will, nicht jedem schön in die Augen fallen, vielleicht weil er den rechten Standpunkt noch nicht genommen — so soll michs wenigstens trösten, daß es wahr ist, im geringsten nicht geschmeichelt, im geringsten nicht übertrieben, sondern mit verjüngtem Maasstab getreu von Gottes großem Urbilde kopirt.

Wenn es wahr ist, was uns unsere tägliche Erfahrung bestätigt, daß uns nichts empfindsamer für die Rechte unserer Mitmenschen mache, als eigene Ungerechtigkeit, unter der wir seufzen, so konnte der Acker, in den Gott moralischen Saamen streuen wollte, nicht besser bearbeitet, so konnte das erste Volk, das die würdigste und menschlichste Gesetzgebung erhalten sollte, nicht besser dazu vorbereitet werden, als durch Dienstbarkeit und Zwang unter einem fremden Joch.

Moses,

Moſes, der ſich, daß ich ſo ſagen mag, in die Welt hineingeſtohlen, vierzig Jahre an einem der politeſten und glänzendſten Höfe die fürtreflichſte Erziehung genoſſen, fühlte auf einmal ſein ganzes jüdiſches Blut in den Adern empören, als er von ſeinen ſpekulativen Beſchäftigungen mit Religion und Staatskunſt den erſten Blick in die Welt that. Da war Unterdrückung, Thränen, Seufzer, Blut eines Volks, das ſeine Unterdrücker ehemals in der Perſon Joſephs aus Hungersnoth und Untergang gerettet, er konnt es länger nicht ertragen, den hundiſchen Egypter, der ſeinem Bruder Ebräer, der ſchon an der freywillig übernommenen Kette für ihn arbeitete, noch obenein mishandelte, er erſchlug ihn und verſcharrt ihn in den Sand. Floh — ward ein unbekannter Einſiedler aus dem Helde, den er ſich fühlte, hütete Schaafe, ſtatt Armeen, die er vorher geführt, wenns wahr iſt, was Joſephus von ihm erzählt. Plötzlich erſcheint ihm das Zeichen des Gott Abrahams, von dem er ſo viel geahndet, mit deſſen vormaligen Erſcheinungen er ſich in denen davon übrigen Monumenten ſo oft beſchäftigt, in die er ſich ſo anhaltend hinein ſtudirt hatte — ich bins — und die Zeit iſt da, deine nach Hülfe ſchmachtende Brüder zu befreyen — und wie heißt dein Name, du, vor dem ich hier niederfalle, und mein Angesicht verhülle? „Jehovah, ich werde seyn, der ich seyn werde — der Name blieb allen Israeliten nachmals heilig, und winkte ihnen zu, daß der, der sie führte, ihnen Gesetze gab, namenlos — und sein Wesen, seine Eigenschaften unendlich seyen, wie seine Schöpfungen.

Mit dieser trostvollen Erscheinung unterredete sich Moses nachmals wie ein Freund mit dem andern: nichts in der Welt rechtfertigt mehr den Namen, den sich Gott mehrmalen im Alten Testament in Beziehung aufs Menschengeschlecht giebt, den Namen eines Vaters, es war ihm dran gelegen, diese junge Menschenwelt am Gängelbande zu führen, daß sie gehen lernte, und darum ließ er sich so weit herab, mehr als einen Versuch zu wagen, damit sie von sich selber gehen lernten.

Er eröfnete seine Gesetzgebung damit, daß er ihre Feinde und Unterdrücker vor ihrem Angesichte vertilgte, eben in dem Augenblick, da die Angst für dem letzten Effort ihrer Tyrannen in den Herzen dieser entrinnenden Sklaven aufs höchste gestiegen war. Da das ganze Heer ihrer Tyrannen, mit Roß und Wagen hinter
sich,

sich, mit aufgehobenem Arm, sie in neun zehnfach schwerere Ketten zu schmieden, drohte, damit sie ewig nicht wieder entrinnen könnten — und todt sind sie im Augenblick, da der Herr winkt, da der Odem des Allmächtigen ausgeht. Und Mose muß das sichtbare Werkzeug seyn; er reckt nur die Hand aus, und das Meer fällt wieder zusammen. Und hier versuchte sie der Herr, und stellte ihnen Gesetze und Rechte, ob sie itzt in der Disposition seyn würden, aus Dankbarkeit Befehlen zu gehorchen, die zu nichts weiterm abzweckten, als — zu ihrer Gesundheit. „Denn ich bin der Herr, dein „Arzt.„ 2 B. Mos. 15.

Nach vielen andern Wunderwerken, (dann hier waren sie am rechten Ort); — sie sollten den Gott verehren lernen, der ihnen Bürge für ihre Glückseligkeit ward — hub Moses an, ihnen das Geheimniß zu entdecken, das für sie und ihre Nachkommen ewiglich von der äußersten Wichtigkeit seyn sollte. Drey Tage blieben sie in Erwartung, wuschen sich, enthielten sich vom Weibe, eine Wolke bedeckte den heiligen Berg, das ganze Volk an seinem Fuße ward Zeuge und Zuschauer für alle ihre Nachkomen ewiglich, Donner und Blitz eröfnete die Scene, und Orkane heulten laut, wie Po-

saunen — welche Erwartung! Mose redete, Gott antwortete ihm laut, vermuthlich durch einen Donnerschlag, foderte ihn herauf, er stieg hinan in die Dunkelheit, zum Beweis, welches Vorzugs er gewürdigt wäre, kam wieder hinab mit dem Befehle, wer sich dem Berge nahete, würde zerschmettert werden. Und nun mit dem Posaunenthone erschollen diese Worte, als Worte des lebendigen Gottes, für das ganze Universum, das hier durch das jüdische Volk repräsentirt ward. Ich bins — keine andere Götter neben mir — stark und eifrig denen, die mich hassen, aber Barmherzigkeit denen, die mich lieben — feyert den Tag, an dem die Welt fertig ward, zur Erinnerung, daß ich sie schuf, aber auch zur Erholung von euern Geschäften, ehret Vater und Mutter, so lang ihr lebt, und dann werdet ihr lange leben, denn ihr Segen wird auf euch haften. Tödtet nicht — brecht die Ehen nicht — stehlt nicht — verläumdet nicht — laßt euch keines Guts gelüsten, das einem andern mit Recht gehört — Das Volk betäubt, erstaunt, erschrocken vom Sturm und Blitz, floh, aber Mose, der ihn in seiner Seele fühlte, sprach ihnen Muth ein, fürchtet euch nicht; denn es ist Gott, der nur will, daß ihr euch durch die

ange=

angezeigten Handlungen nicht unglücklich macht, und so stieg er der schauervollen Wolke entgegen, und alles was hierauf folgt, ist nichts weiter als eine Erklärung und Anwendung dieser allgemeinen Naturgesetze auf den gegenwärtigen Zustand des Volks.

Ich will nur einige dieser Anwendungen heraus heben, die für uns am interessantesten sind, obgleich ich mich getraue zu sagen, daß kein einziger Buchstab, kein Titel, kein Jota in diesem mosaischen Gesetze für uns ganz überflüßig sey, wenn es wohl verstanden, wenn der moralische Geist desselben richtig herausgezogen wird. *) Und ich sage dies nicht für meinen Kopf, sondern habe eine allgewaltige Authorität vor mir, die Worte Christi von diesem Gesetze selber.

Das erste, das Gott Mosi, da er allein mit ihm war, anbefiehlt, ist, nicht mehr wie vorher, ihm einen Altar von gehauenen Steinen

---

*) Dieses wäre unmaßgeblich eine bessere Beschäftigung für Theologen, als Dogmatiken auswendig zu lernen. Besonders empfehle ich für unsere Zeiten das dritte Buch Mose, unter den andern das 15te Kapitel vom 16ten Vers an, und die drauf folgenden.

nen zu machen, sondern von Steinen, über die kein Messer gefahren. Sie werden aus dem, was ich oben gesagt, die Absicht dieses Befehls leicht einsehen. Nicht mehr auf Steinen die Volksgeschichten zu verewigen, sondern sie zu schreiben. Dieses Buch, nebst den speziellen Volksgesetzen, die Moses auf den innern Befehl der Gottheit vierzig Tage und vierzig Nächte lang auf dem Berge Sinai entwarf, wo ihn die göttliche Wolke ins einsame nahm, hieß hernach das Buch des Bundes, das Mose und nach ihm der Hohepriester dem Volke von Zeit zu Zeit öffentlich vorlas.

Wir sehen aber, daß er nichts ohne göttlichen Befehl that, sogar die ganze Veranstaltung der Stiftshütte war ihm in einem Gesicht auf dem Berge im Bilde gezeigt worden. Und diese Veranstaltung, die ganze Einrichtung der Priester, die ganze Einrichtung der Opfer zeigt von der tiefsten göttlichen Weisheit, ihre moralischen Entzwecke mit dem jungen Menschengeschlecht auf die leichteste und kürzeste Art auszuführen. Die Sinne wurden auf die allerangenehmste Art gefesselt, ein Richterstuhl stand da, und bekam den Namen Gnadenstuhl, weil hier die Verbrechen nicht gerichtet — sondern vergeben werden sollten, ein Tisch vor demselbigen,

bigen, auf welchem geheiligtes Brod lag, das ihnen einen Wink auf die spätesten Geheimnisse des Christenthums gab, von denen sie durch Abrahams mündliche Ueberlieferungen schon eine dunkle Idee haben mußten. Die Priester waren auf die für die damaligen Zeiten reichste, schönste, glänzendste Art gekleidet, die lieblichsten Gerüche von Specereyen erfüllten den Vorhof dieser Hütte der Gottheit, die schon an und für sich selbst, wie Paulus sagt, das herrlichste Symbol der göttlichen Oekonomie war. Und nun die Opfer? — können jemals moralische Fertigkeiten auf eine bessere Weise in Gang gebracht werden, als wenn der Unglückliche, der dadurch auf sein eigenes Leben, Gesundheit, Gemüthsruhe und Freude stürmt, in die Nothwendigkeit gesetzt wird, für jedes Vergehen von dieser Art einen Theil seines Vermögens der Gottheit, die er dadurch als den Schöpfer am meisten kränkt, wenn er ihr Geschöpf verwahrlost, darzubringen. Und warum diese Opfer alle bluten mußten, wird in der Folge erst recht klar, erst recht ehrwürdig werden. Die andern Opfer, die Speisopfer, Trankopfer, Dankopfer ꝛc. waren lauter Veranstaltungen, Dankbarkeit gegen die Gottheit, Gastfreyheit, Mildthätigkeit,

gesell=

gesellschaftliche Freuden in einen ewigen Gang zu bringen, zu heiligen. Da aß sich der Fremdling mit satt, da fanden Wittwen und Waysen Freude und Ueberfluß, da tanzte man, und frohlockte, und fühlte seine ganze Existenz in allen die mit genossen, jeder genoß für tausend.

Gehen wir die andern Verordnungen durch, was finden wir anders als den zärtlichst besorgtesten Vater für das Wohl seiner Kinder, nicht seiner Unterthanen. Die Gesetze für den Aufsatz, für den Saamenfluß, für die Zeiten der Weiber, was ists anders als Medicin für Leib und Geist, Verhütung der Zerrüttung unserer Maschine, in der Gott mit aller seiner Seligkeit gern wohnen möchte. Itzt kommen wir an den Stein des Anstosses unserer heutigen Philosophen, die so gern ihren eigenen Gesichtspunkt dem ganzen menschlichen Geschlechte für den Gesichtspunkt Gottes aufdringen möchten. Welche Fülle von Vergnügen wird eröfnet, wenn wir Mütter ansehen können, ohne den zweydeutigen Geschlechtertrieb gegen sie zu fühlen, der uns nur einen Augenblick sie in einem hellen Lichte darstellt, darnach aber alle edle Triebe, an denen einer Mutter bey ihrem Kinde so viel

gelegen

gelegen seyn muß, in Erschöpfung und Gleichgültigkeit auslöschen, in Nacht zurück fallen läßt? wenn wir ohne eigennützige Wünsche ihre Mutterhand mit den reinen Thränen der Dankbarkeit baden können, die keine andere Begier erpreßt hat als die: ein edler, ein dankbarer Mensch zu seyn? welche Fülle von Freuden, wenn eine Tochter ohne Zurückhaltung und Furcht ihre, in der Blüthe düftende Unschuld mit dem Himmelsgefühl eines von Dank, und Ehrfurcht und Zutrauen entflammten Mädgens, wenn sie so ihren Vater umhalsen kann, und er ganz rein und unvermischt die Wonne, den Stolz fühlt, der Welt einen Engel geschenkt zu haben. O meine Herren! wer noch nicht das Glück gefühlt hat, eine Empfindung ganz aus zu empfinden — ohne Furcht, ohne Zurückhaltung, mit Sicherheit sich ihr zu überlassen — der hat noch kein Glück gefühlt, nur Schimmer vom Lichte, nur Tropfen von der geweihten Schaale gekostet, nicht mit vollen Zügen Herz und Existenz in diesen Nektar eintauchen lassen. Was die übrigen Grade anbetrift, (merken Sie wohl, ich rede hier nur von denen, die in der Bibel stehen), so sind sie alle von der Art, daß die Empfindungen, die durch die Verwandschaft entstehen, nah an

die

die ehelichen gränzen, daß also, wenn da nicht Schranken gesteckt werden, die eine die andern wo nicht ganz aufheben, doch nothwendig in Furcht, Zurückhaltung und Aengstlichkeit ausarten wür: den? Wo aber bleibt die freye Ergiessung des Herzens, dieses einzige Band aller wahren Gesellschaft, dieses einzige Familienglück, gu: ter Gott, wo bleibt sie, wenn ich fürchten muß, was der, der, der meiner Verwandten thut, thut er nicht aus brüderlicher Liebe, aus Freude, Interesse, Theilnehmung an meiner Existenz, sondern aus eigennützigen Absichten, einen Trieb zu stillen, der mich, wenns hoch kommt, wohl zu seinem Weibe macht, aber nicht zu seiner Verwandtin. Ich muß also auf einen von diesen beyden Namen Verzicht thun, oder sie beyde ganz aufheben. Zu geschweigen, daß bey diesen Geschwisterehen die ganze Welt, die nur eine Familie ausmachen sollte, ewig abge: sonderte kleine Familien geblieben wäre, und kein Band mehr ausfündig gemacht werden könnte, diese sich ganz fremden Gesellschaften zuletzt in ein Ganzes zu ziehen.

Ich kann unmöglich in ein weiteres De: tail der ganzen mosaischen Gesetzgebung gehen, wer sich in dies Heiligthum wagen will, dem

empfehle

empfehle ich Herrn Michaelis Werke, eines Mannes, der von einer gewissen Seite so große Hochachtung nicht des deutschen Publikums allein, sondern eines jeden Publikums verdient. Freymüthig aber mußt' ich von ihm reden, so bald er seine ausgebreiteten und tiefen Kenntnisse dem einfältigen Gefühl von unserer Religion, das sich, dem Himmel sey Dank! wie das prometheische Feuer noch seit Anfang der Erde auf unserm Planeten erhalten hat, entgegen stellt, anstatt es damit zu unterstützen.

Jtzt, meine Herren, wünscht' ich meinem Pinsel den Schwung eines göttlichen Genius, um eine Skitze zu vollenden, die nur den Augen höherer Wesen ihre hellesten Farben entdeckt, wenn ich sie gleich nur in diesem Regenbogen von der Sonne auffasse. Sie sehen, daß die ganze mosaische Gesetzgebung nicht die Gesetzgebung eines Menschen, sondern die Gesetzgebung Gottes selber war. Sie sehen, daß die Juden, wenn sie den göttlichen Wünschen entsprechen wollten, kein Haar breit von derselben abweichen, sondern jeden vielmehr, der es unternehmen wollte, diese Gesetzgebung umzuwerfen, auf das härteste mit dem Tode bestrafen mußten. Ewig hätte sie fortwähren können, und die Menschheit wäre glücklich unter ihrem Schatten gewesen, aber noch nicht höchst glücklich. Die Gottheit interessirte die Menschen noch zu wenig, blieb immer nur noch über sie erhaben, konnte sich noch nicht aufs innigste mit ihnen vereinigen. Sie ward also selbst das Mittel unsers Lebens, sie ward Mensch, um für uns sterben zu können. Alle diese Opfer kosteten dem Menschen zu viel, er mußte ein Mittel haben, das zu allen Orten, allen Zeiten, unter allen Umständen für ihn geschwind, nah, hinreichend wäre, seine Verbrechen (denn welcher Heiliger ist frey davon) im Augenblicke auszusöhnen, um durch das Gefühl von der Freudigkeit und Freyheit aller Gewissensbisse sein Leben ganz auszuleben, ohne es zu verleben — denn nur in soferne nennt sich unser Gott unser Leben, in soferne wir uns von seinen ewigen Gesetzen nicht entfernen, die alt und unveränderlich sind, wie er selber. Und nur in soferne kann uns die Lehre vom Verdienst Christi etwas nützen, als wir in dem Augenblick anfangen nach diesen alten ewigen Gesetzen zu leben, ohne daß uns das alte begangene einmal drüber einfällt. Und itzt, welche Idee von der Gottheit! — *) es war ihr

*) Siehe den Anfang.

ihr nicht genug, als Gottheit über uns erhaben,
an unserm Unglück und Tode Theil zu nehmen,
sie mußte Mensch werden, um es auch als
Mensch zu empfinden. Ja sie empfindet es
noch, so oft wir durch eine rasche That von
der wahren menschlichen Existenz zurück sinken,
sie wird, wie der Apostel mystisch ausdrückt,
durch jede neue Sünde von neuem gekreuzigt.
Eben so empfindt sie mit uns jeden edlen Ge=
danken, jede reine Freude, jede süße Thräne,
die Wollust und Zärtlichkeit von keiner Sünde
vergiftet aus unserm Auge schwärmt. Und
selbst — selbst wenn du fällst, Mensch — ist
ihre hülfreiche Hand ausgestreckt, wallt ihr
göttliches Blut dir zum Söhnopfer entgegen —
damit du nicht nöthig habest zu bereuen —

O meine Herren! preise und rühme jeder
seine Gottheit, wie er am besten vermag,
mahle er sie sich mit allen Farben der Erha=
benheit und des Glanzes, ich staune sein Bild
an, ich freue mich mit ihm. Aber er erlaube
mir, sie an ein Kreuz zu heften, und, indem
ich das Fußgestell meines Krucifixes umschlinge,
mit brünstig drauf gehefteten Blicken den fin=
stern Pfad durchs Leben zu machen, tausend
Freuden ohne Namen zu erhaschen, die mir
mein Gott nicht misgönnt, weil er als Mensch

fähig

fähig war, fie mit zu empfinden, und voll göttlicher Zuversicht, weil ich den Allgewaltigen in meine Arme schließen, an mein Herz drü=
cken darf, zu jauchzen

Fractus si illabatur orbis

Impavidum ferient ruinæ.

Stimmen des Layen

auf dem letzten

theologischen Reichstage

im Jahre 1770.

Erſte Stimme.

Meine Herren!

Wenn wir uns ſelbſt anſehen, ſo finden wir — was? einen Körper, der Materie enthält, die aber auf eine wunderbar vollkommene Weiſe zuſammengeſetzt und organiſirt iſt, deren Geheimniſſe alle angewandte Bemühungen der Anatomiker uns noch nicht haben entſchleyern können, und aller anzuwendenden Bemühungen der gröſten mechaniſchen Künſtler, nachzuäffen, noch viel vergeblicher ſeyn würden. Doch ſagt uns die Vernunft, — und die Vernunft der älteſten Nationen hat es ſchon von jeher geſagt — daß dieſem auch aufs künſtlichſte zuſammengeſetzten Körper noch etwas fehle, ihn in Bewegung zu ſetzen, in ihm zu denken, zu empfinden, zu urtheilen und zu wollen, der prometheiſche Funke, wie ihn die Griechen nannten, der vom Himmel ſeinen Urſprung nehmen mußte, die lebendige Seele, wie ſie Moſes nennt, die Gott ſelbſt in unſre Maſchine hinabhauchte. Die Theorie dieſes Götterhauchs, den wir in uns fühlen — und weh dem, der ihn nicht fühlt! —

stellen wir bey Seite, so viel wissen wir, daß diese uns belebende Kraft der edelste Theil unsers Selbst ist, daß von ihrer Bildung, Erhöhung, Erweiterung die Bildung, Erhöhung und Erweiterung unserer ganzen Glückseligkeit abhange, wer das nicht glauben will, der lasse es bleiben, die Sache redt von sich selbst, je größer die Sphäre ist, in der wir leben, desto beglückter und würdiger unser Leben, wer aber taub ist, dem wird, freylich ewig vergeblich, in die Ohren geschryen werden.

Wir wissen, daß sich die Materie nicht selbst bewegt, alle Kräfte müssen von aussen auf sie wirken, sonst ruht sie ewig, verharrt ewig in ihrem Zustande. Unser Geist aber hat in sich den Ursprung seiner Bewegung, kann denken was er will, wollen was er will, unsere Körper bewegen, wohin und wie er will — es ist thöricht, daß ich auf die ersten Wahrnehmungen eines Kindes zurück führe, aber, um der falschen Weisheit Einhalt zu thun, um die Ikarischen oder Phaetonischen vermeßnen Bestrebungen herab zu ziehen und zu demüthigen, ist oft kein beßrer Rath, als bey den uns jetzt Thorheit dünkenden Beobachtungen unsrer Kindheit wieder in die Schule zu gehen, auf unsre abgeworfene Kinderschuhe zu treten, und wieder

von

von forne anfangen gehen zu lernen, eh wir fliegen können. Unser Geist also ist eine Kraft, die sich selbst bewegt, und doch auch zugleich seine Würksamkeit auf Dinge außer sich äußert, sie bewegt und verändert. Das sind lauter Erfahrungen, die wir machen, so bald wir zu erfahren anfangen, die mir also nicht können bestritten werden. Nun kommt es darauf an, zu wissen, ob diese Kraft ewig sey, ewig und ohne Zeit in Ansehung ihres Ursprungs, ewig und ohne Zeit in Ansehung ihres Endes, ob sie sich selbst immer in ihrem ganzen Umfang und Stärke erhalten könne, oder ob ein anderer da sey, der sie erhält, unterstützt, vermehrt, erweitert, vergrößert oder vermindert. Die Erfahrung lehrt uns, daß diese Veränderungen in uns vorgehen, die Bibel lehrt uns, von wem sie kommen, lehrt uns, daß einer da sey, der diese Kraft uns gegeben, der ihr ein gewisses Gesetz der Bewegung vorgeschrieben, der nach Maaßgabe der rechten Anwendung dieser Kraft sie in uns vermehre oder vermindere, das heißt, uns belohne oder bestrafe. Und welches ist dann das große Gesetz, nach welchem wir diese Kraft anwenden oder brauchen sollen, um glücklich zu seyn? Ganz einfach! gar nicht weit gesucht, ganz simpel! es ist

ist die völlige Dependenz von dem, der sie uns gegeben hat — von Gott. — Verflucht also die Freyheit, die sich wider ihn empören will, die glücklich seyn will auf einem andern Wege, als den er uns vorgezeichnet, den sein göttlicher Verstand durchgeschaut, sein göttlicher Wille gutbefunden und bestätigt hat. Ja frey sind wir, aber frey vor Gott, wie Kinder unter den Augen ihres liebreichen Vaters frey scherzen und spielen dürfen, kehren wir ihm aber den Rücken, so rennen wir in den Tod, und die Freyheit, die uns von dort entgegen winkt, ist kalt und grauenvoll, ist der Wink des Chaos und der alten Nacht.

War uns also eine nähere Offenbarung des göttlichen Willens nöthig? Hier sind wir wieder an der Frage, die so viel Lärmen in der ganzen Christenheit gemacht hat. Und nicht zu ihrer Ehre. Dann Schande ist es, da uns eine so herrliche Offenbarung geschehen, die wir im Staub hingeworfen mit Dankbarkeit verehren sollten, daß wir jetzt erst fragen, ob eine solche uns nöthig gewesen. Dankest du also dem Herrn deinem Gott, du toll und thörichtes Volk? Hätte der Kamtschadale so gefragt, der von der Bestimmung seiner Seele, von dem höhern Zwecke seiner Schöpfung nichts

wußte,

wußte, sich gern und willig unter die Thiere des Waldes gesellte, mit ihnen fraß, sich gattete und untergieng — hätte der alte Römer oder Grieche so gefragt, der von der Fortdauer seiner Substanz auf längere Zeit, als die achtzig Jahre, die sie unter ihres gleichen sichtbar zubrachten, keine einzige klare Nachricht, nur dunkle schwimmende Ahndungen hatte; aber der Christ —

Nun ja freylich der Christ. — Wir finden unter keiner Sekte in der Welt größere Verbrecher, größere Scheusale, als unter den Christen. Und das wird alles ganz treuherzig nicht den Individuen, nicht den Usurpateurs des christlichen Namens zugeschrieben, sondern der Religion und ihrem Urheber. Das ist eine Lästerung, die unter dem Himmel ihres gleichen nicht hat, und die doch, seit der ersten Ausbreitung unserer Religion, immer mit ihr in gleichen Schritten gegangen ist. Und wer ist Schuld daran, als eben die Christen, die ihren Namen schänden und zu allen Zeiten geschändet haben, die man in der ersten Kirche fein aus den Versammlungen der übrigen Unschuldigen heraus stieß, in den nachfolgenden Kirchenversammlungen aber nicht allein beybehielt, sondern feyerte, vergötterte, krönte und wer weiß nicht

nicht was, und um doch das exkommuniciren ja nicht aus der Mode kommen zu lassen, die wahren Christen aus der christlichen Gemeine verbannte. Kann nun die Religion dafür? Ich erzähle hier gar nichts Neues, sondern was jedem Kinde bekannt ist. Aber die Frage scheint immer noch unbekannt zu seyn, obschon sie freylich auch schon alt genug ist, und der h. Augustin 22 Bücher drüber geschrieben hat: kann nun die Religion dafür?

Daß wir aber von unserm Zwecke nicht abkommen: wenn also eine göttliche Offenbarung nöthig war — und ihr lieben Christen! die ihr darüber so viele Scrupel habt, die ihr jetzt so gut die Regel de tri in Büchern rechnen könnt, ob auch wohl ein Rechenbuch nöthig war, das von nichts besserm anfieng, als von den elenden fünf Spezies, erlaubt mir doch, zu behaupten, daß wenn euch Weisen und Klugen die göttliche Offenbarung nicht mehr nöthig ist, sie doch wohl euren Vorfahren und den Vorfahren ihrer Vorfahren nöthig gewesen seyn könne, die euch nachmals mit vieler Müh, aber wenig Dank, rechnen gelehrt haben — erlaubt mir doch zu behaupten, daß unser lieber Urältervater Adam noch nicht wußte, was er essen sollte, oder was er stehen lassen sollte, wenn er

nicht

nicht gleich eine göttliche Offenbarung empfangen, daß ihr noch jetzt kein Fleisch fressen und keinen Wein trinken würdet, wenn Gott nicht Noah selber angezeigt, die wilden Thiere zu verfolgen und den Weinstock zu pflanzen, daß die Heiden viel erkenntlicher gegen Gott waren, den sie nicht kannten, daß sie sich von einer unbekannten Macht fortgerissen fühlten, demjenigen göttliche Ehre zu erzeigen, der zuerst ihren Vorfahren jagen, oder Ackerbau, oder Weinstöcke pflanzen gelehrt, denn das ist der Ursprung des heidnischen Götterdienstes, weil sie wohl einsahen, daß der völlig sich selbst gelassene Mensch nicht auf solche Verbindungen würde gekommen seyn — doch wo gerathe ich hin? sey es, diese Unordnung ist eine Pindarische werth — was wäre unsere Welt ohne die beständige Einmischung und Einwirkung der Gottheit — die ihr sie nicht glaubt, lernt zittern vor ihr, wann sie euch richtet und in Erdbeben, Donner, Wasserfluthen daher thönt, aber was wäre unsere Welt ohne den beständigen nahen seligen Einfluß einer höhern Macht, die wir kennen, die das Spiel alle der verborgenen Kräfte, die wir nicht kennen, in Bewegung setzt, und in dieser Bewegung erhält, ohne daß wir nöthig hätten, einen Fuß deshalb vor unsre Thür

Thür zu setzen — die Materie läge todt da, unser Geist nur in einer kleinen Sphäre wirksam, wollte der die Erde ihre Bahn laufen machen, wenn nun plötzlich die sie bewegende Kraft ausbewegt hätte und ruhete, wollte der den Pflanzen Oel, den Thieren Lebensgeister geben, wenn irgend ein feindseliger Planet sich auf immer zwischen uns und unsere Sonne stellte, von deren beseelenden Wärme die ganze Freygebigkeit unsers Bodens, das ganze Lebenssystem aller unserer Thiere abhängt? ja was wär auch unsere Welt, wenn alle diese Naturbegebenheiten nach unveränderlichen Gesetzen fortwährten und die Gottheit sich nie einem menschlichen Geiste näher mitgetheilt hätte? Wir sehen es an uns — an uns starken Geistern selben. Welch eine wilde See voll Zweifel, die alle zu keinem Zweck führen? Wer wird unsere Vernunft leiten, gütige Gottheit, wenn du nicht selbst uns einen Kompaß in die Hand giebst, nach dem wir schiffen können. Je weiter wir kommen, je weiter von den Küsten der Sinne und ihrer Erfahrungen uns entfernen, an denen wir doch unmöglich ewig fortfahren können, wenn wir nicht seicht bleiben wollen, desto unsicherer, ungewisser, dunkler wird der Weg. Gütige Gottheit, entzieh uns das Licht deiner Sterne nicht,

oder

oder wir streichen die Segel und gehn unter. Was ist aber von denen zu halten, die gern uns Nebel vor diesen Himmelsleuchten hiengen, und den letzten einigen Wegweiser aus unsern Augen entrücken möchten?

O wenn wir erst dort angekommen seyn werden, in diesem unbekannten Lande, wovon so viel pro und contra disputirt, fingirt, philosophirt, negirt, affirmirt, docirt, in Systeme reducirt wird, weil niemand das Herz hat, mit Kolumbus ins Schiff zu steigen und selbst hinzufahren, sondern nur vom Ufer drüber hin und her zu räsonniren, und darnach, wenn ers entdeckt hat, zu sagen, das hätten wir alle eben so gut gekonnt — — alsdenn erst, wenn wir dort angekommen sind, werden wir die Heilsamkeit der Lichter und Sterne, die uns dahin führten, zu erkennen und dankbar zu verehren wissen. Bis dahin laßt uns nicht darüber schwätzen und plaudern, ob der Stern so und so heissen sollte, ob er ein Stern erster oder zweyter Größe sey, ob er sein Licht von sich selber habe, oder von irgend einer andern Sonne — und darüber versäumen, uns einzuschiffen.

Das war eine mehr als poetische Digression. Und nun muß ich sehen, wie ich wieder zu meinem Zwecke zurück komme.

Es war also die Frage, da zur Erhebung und Bildung unserer Seele eine göttliche Offenbarung vonnöthen, weil unserer Seele, als einer wirkenden Kraft, der Weg und die Gesetze ihrer Wirksamkeit mußten vorgeschrieben werden, so gut als den materiellen Kräften in der Welt ihre Gesetze und Harmonie vorgeschrieben ist: auf welche Art diese göttliche Offenbarung am füglichsten geschehen konnte. Nun frage ich, ob man eine bessere Methode anzugeben weiß, sich Geistern, die in Körper eingeschlossen sind, mitzutheilen, als die vom Schöpfer uns anerschaffenen göttlichkunstreich mechanisirten Organe, und die mittelst derselben hervorgebrachte Sprache, die alle eben die Organe haben, eben die Ideen durch dieselben auszudrücken gewohnt sind, als ein Medium unter sich stabilirt und festgesetzt haben, ihre Ideen einander wechselsweise mitzutheilen. Wir müssen also für so organisirte Menschen eine göttliche Offenbarung in Worten einer gebräuchlichen Sprache annehmen, und diese Worte müssen auf eine gewisse Weise gestellt seyn, um einen bestimmten Sinn auszudrücken. Sie können aber auch mehr ausdrücken und tiefer gehen, als es beym ersten Anblicke scheint, wie wir diesen Effekt bey allen Schriften von einiger

ger Vortreflichkeit wahrnehmen, die oft erst
bey der dritten, vierten Lesung recht hell, er-
wärmend und belebend werden. Natürlich
muß bey einer göttlichen Offenbarung, die für
alle Zeiten, alle Völker und alle Umstände brauchbar seyn soll, diese Eigenschaft in der höchsten
Vollkommenheit angetroffen werden, und müssen wir also, on statt über die dunklen Stellen
derselben uns lustig zu machen, mit vieler Ehrfurcht drüber verweilen, und das ganze enge
Maas der Sphäre unsers Verstandes empfinden, der schon am Rande so vieler Abgründe
zurückbebt, durch deren Tiefen vielleicht schon
die nachstfolgenden Geschlechter ohne Wolken
schauen werden. Das verhindert uns aber
nicht, all unsre Kräfte aufzubieten, in dieser
Dunkelheit schon itzt so weit vorzubringen als
wir können, denn die Erfahrung lehrt uns
trotz unserer heiligsten Systeme, daß in der
Welt nichts übernatürlich zugehe, daß alle
Wirkungen und Produkte unsers Verstandes in
ihren Ursachen, in den Bestrebungen und An-
strengungen desselben gegründet sind. Aber da
gleich beym ersten Schritte umzukehren und zu
sagen, das lohnt der Mühe nicht — die Offenbarungen waren nicht göttlich — wahrhaftig! das ist der Weg nicht — das heißt, das

G   kleine

kleine von unſern Aeltern übertragene Pfund fein im Schweißtuche vergraben, weil man weiß, daß der Herr ſtrenge war, und erndete, wo er nicht geſäet hatte, uns Sachen ſagte, die wir nicht gleich auf den Stutz verſtunden, und uns doch nicht die Mühe geben wollten, ſie verſtehen zu lernen.

Ob alſo die Wahrheiten, die wir in der Bibel anfangs ſparſamer ausgeſtreut, nachgehends häufiger zuſammengedrängt finden, göttlichen Urſprungs ſeyn, das iſt die Frage. Und wie iſt die auszumachen, wie iſt die zu beantworten? Wie die Wahrheit immer antwortet und ſeit Anfang der Welt geantwortet hat. Probirt mich, nehmt mich eine Weile auf Treu und Glauben an, aber ohne Tücke, ohne Hinterhalt eurer anderweitigen Afterneigungen und Begierden, und wenn ihr euch glücklich in meinem Beſitze fühlt, nichts mehr zu wünſchen und zu hoffen fühlt als mich, und immer mehr mich, ſo behaltet mich bey und ſucht auf dem Wege, den ich euch vorlege, immer weiter vorzudringen, um immer neue Länder der Glückſeligkeit zu entdecken: denn es ſind ganz gewiß welche da, glaubt mir nur. Wer nun ihr glaubt, der ſchifft ein, wer nicht will, der bleibt am Ufer ſtehen und lacht die einfältigen Schöpſe aus,

aus, die sich immer weiter aus seinem Gesichte entfernen, bis sie zuletzt sein Lachen nicht mehr hören, er aber bleibt wie die Bürger in kleinen Reichsstädten, glücklich auf seinem Mist, und wer wollte ihm sein armes Glück mißgönnen?

Das wäre nun genug wider den Unglauben deklamirt — laßt uns aber nun untersuchen, wie viel und wie wenig wir glauben sollen, um weder Don Quischotte zu seyn und spanische Schlösser und verfluchte Prinzessinnen aufzusuchen, wo Windmühlen und Dulcineen stehen, noch auch den Gefährten des Kolumbus ähnlich, die, so bald sie auf der hohen See waren, schon den Muth verlohren, jemals wieder auf festes Land zu kommen. Wie kann Gott sich Menschen geoffenbart haben, wie ist das möglich? Sie zu Maschinen gemacht und durch sie zu andern Menschen gesprochen, wie die heidnischen Orakel durch die delphischen Priester? — Diesen Begriff nahmen gewisse zunftmäßige Theologen, die den Glauben des Pöbels gepachtet hatten, um sich anderweitige Vortheile damit einzutauschen, mit Freuden an, nur dem Namen nach von jenen Priestern des Alterthums unterschieden, die den Göttern ihre Absichten oder auch absichtslose Einfälle unterschoben, und den Pöbel mit dem allerstrengsten und furchtbarsten Zaume und Gebiß zu regieren, die ein menschlicher Verstand nur aussinnen konnte, mit der Ehrfurcht gegen seine Götter. Diesem Begriffe lehrt uns also die Philosophie, der gesunde Gebrauch unsers Verstandes ausweichen — aber lehrt sie uns auch in den entgegengesetzten Begriff fallen, lehrt sie uns das, was von der Gottheit, nicht auf der Gottheit unanständige Art hervorgebracht werden konnte, als gar nicht von der Gottheit hervorgebracht, als bloß menschlich, irrig, unbestimmt, schwankend, und vielleicht gar thöricht und elend wegwerfen? Die Perlen, die nicht vom Himmel gefallen, sondern ganz natürlich aus dem Grunde des Meers hervorgefischt sind, mit Füssen treten? — das sey ferne.

Es hat gewisse Menschen gegeben, die der Gottheit lieber waren, als wir. Fällt uns das so schwer, so unmöglich zu glauben? Ey meine lieben und auserwählten Kinder Gottes, ihr, die ihr ganz allein sein Herz habt, gegen die Petrus und Paulus noch einschenken müssen, und die heiligen Propheten und Märtyrer allzumal doch nur Stiefkinder waren, wie, wenn ich euch frey heraus sage, daß ich doch nicht glaube, daß dem Dinge so ist, wenn ich frey

her=

heraus bekenne, daß wir mit allem unserm Wissen kreuz und queer, lang und breit, das uns so jämmerlich schwer auf dem Herzen liegt, doch immer, wenn wir uns an diesen Leuten messen, ihnen durch die Beine durchfallen. Und wo hatten sie das her, ja, lieber Gott! wo hatten sie das her, es waren doch nur Fischer und jene Teppichmacher, und die alten Propheten gar Avanturiers, die auf keiner Universität promovirt hatten. Woher kam ihnen das, worauf nach erstaunenden Bestrebungen unsere größesten Genies endlich doch nur halb blindlings und in der Dämmerung des von ihnen ausgegangenen Strahls tappeten. Vom Geiste Gottes? wahrhaftig nicht, nein, das kann nicht seyn, denn was ist Geist Gottes, zeigt mir ihn, beschreibt mir ihn, definirt mir ihn, mahlt mir ihn an die Wand! Von wem denn? wir wissen nicht.

Soll ich versuchen, Ihnen dies Problem aufzulösen? Sie müssen mich aber nicht auslachen, ich bitte Sie, denn ich lasse mich durch Lachen nicht abweisen. Ich würde Sie vorher auffordern, mir zu beweisen, ob sie mit Verstand gelacht hätten, und können Sie mir das — nun dann will ich mit lachen. Es hat Leute in der Welt gegeben, wie uns die Bibel sagt,

ſagt, und was iſt zu thun, hier müſſen wir doch der Bibel glauben, denn es iſt das älteſte Geſchichtbuch, das wir haben, die ſich es gleich vom Anfange einfallen ließen, ſie könnten doch wohl etwas weniger ſeyn, als der Gott, der über ihnen donnerte, die alſo den Entſchluß faß= ten, dieſen Gott, deſſen Erkenntniß wenigſtens nach den Anfangsgründen (die gemeiniglich das beſte und ſicherſte ſind, was wir davon haben) ihnen durch die Tradition von Adam an bis auf Enos, und von Enos bis auf Henoch, und von dem bis auf Noah, und von dem ſo wei= ter bekannt geworden war, auch allein als Gott zu verehren, und ſich ſeinem Willen in allen Stücken zu unterwerfen, möcht er ihnen auch noch ſo dunkel und unbegreiflich vorkom= men. Dieſe Leute hießen die Patriarchen, und Gott hat ſich ihnen immer von Zeit zu Zeit unter einer ſichtbaren Menſchengeſtalt gezeigt, und ihnen ſeinen Willen, den ſie freylich noch nicht immer ganz verſtunden, zu erkennen ge= geben. Dieſe Leute erzählen das Ding ihren Kindern, und dieſe wieder ihren Nachkommen, und ſo entſtand die ganze jüdiſche Republik, und die ganze jüdiſche Geſetzgebung. Nach und nach, da die Leute ſchon geſcheuter worden, und nicht mehr zum ſimplen einfältigen Gehor-

ſam

ſam gegen die Befehle der Gottheit zu bringen waren, ſondern immer ſchon das aber wie? aber warum? wiſſen wollten, da gieng es nicht mehr an, ihnen in ihrer eigenen Geſtalt zu erſcheinen, ſie hätten ſich zu familiär mit der Gottheit gemacht, wie wir in ſpätern Zeiten ſchon ein Pröbchen davon ſehen werden, und was wär denn aus dem ganzen Gehorſam der Menſchen gegen die Gottheit, und aus ſeinem ganzen Endzwecke der Schöpfung mit ihnen geworden? Er mußte ſich alſo in eine Wolke hüllen, donnern und blitzen um ſich her, damit ſie mit ihrem überklugen Verſtande endlich einſehen lernten, daß er mehr könne als ſie, und diejenigen unter ihnen, die noch den meiſten Gehorſam, die meiſte gänzliche Unterwerfung und Ergebenheit in ſeinen Willen, das größte Gefühl ihrer Dependenz von ihm zeigten, ſeiner nähern Offenbarung würdigen, die mochten hernach ſehen, wie ſie den übergeſunden im hitzigen Fieber ſtolzierenden Patienten die Arzney eingeben, ob mündlich oder ſchriftlich, ob von Thaten begleitet, die über den Wirkungskreis der erſtaunend vernünftigen Tollhäuſer waren, und die ſie durch die nach Gottes Weg und Ordnung angewandte und geübte in ihnen liegende Kraft bewirkten, die

die aber, weil sie andern Leuten nicht in dem von ihnen erfundenen Weg und System lagen, durchaus für übernatürlich, unnatürlich oder widernatürlich gelten mußten, nachdem sie bescheidener oder impertinenter in ihren Urtheilen waren. Solche der vorzüglichen sichtbaren Offenbarung Gottes gewürdigten Leute hießen Propheten, und es steht in der Bibel, daß der Herr mit ihnen geredet und daß sie wieder mit dem Volke geredet, so und so sagt der Herr, und das und das wird erfolgen, wenn ihr so handelt, und das und das wird geschehen, wenn ihr anders handelt. Finden Sie nun darinn etwas wider- oder übernatürliches? ich im geringsten nicht. Es ist Mutter Natur, dieselbe, wie sie aus der Hand Gottes kommt, dieselbe, wie ich sie itzt um mich herum allenthalben in ihren Wirkungen fortschreiten sehe und auf meinem Antlitze fußfällig anbete.

Nachdem lang genug Propheten zu dem Volke geschickt waren, die Leute oft genug gesehen, daß das wahr geworden, was sie ihnen unter gewissen Bedingungen gedroht hatten, und daß Gott doch klüger und mächtiger sey als sie, nachdem sie also den hellen Glanz der Wahrheit nicht mehr ableugnen konnten, der ihnen zeigte, daß sie durchaus Gott gehorchen mußten, müßten, um glücklich zu seyn, erschien Gott endlich selber wieder, in derselben Gestalt, in der er sich den ersten Menschen, und den Patriarchen und den Propheten allen hatte sehen lassen, und setzte den Gehorsam und die Dependenz der Menschen auf die höchste Probe, auf die sie nur konnten gesetzet werden. Ward gebohren wie sie, elender als sie alle, und starb des allerbittersten Todes, den nur je ein Sterblicher hätte sterben können. Und das gieng ganz natürlich, denn als ein Gott sich unter sie mischte und sich in nichts von ihnen unterscheiden wollte, als in der Vortreflichkeit seiner Lehre und dem Edlen seiner Thaten, wurd er ihnen zu gemein, sie konnten ihn länger nicht an ihrer Seite leiden, und wollten ihn also fort aus einer Welt schaffen, in der sie selbst gern die unbeschränktesten Gebieter und Götter seyn wollten. Er litt mit Demuth und Geduld, denn das war der Zweck seiner Erscheinung, stellte uns das Muster des tiefsten Gehorsams gegen die göttliche Zulassung des physischen und moralischen Uebels in der Welt auf, des Gehorsams bis zum Tode am Kreuz — warum? um uns zu zeigen, daß je weiter diese Unterwerfung, diese Ergebenheit, diese Dependenz von dem Willen der Gottheit gehe, desto herrlicher der Lohn sey, der unser warte, daß alle die Einschränkungen unserer zeitlichen Glückseligkeit, die durch die Vermehrung und Ausbreitung des Menschengeschlechts und seiner guten und bösen Begierden, guten und bösen Thätigkeit nothwendig geworden waren; uns an unserm innern und geistigen und zugleich ewigwährenden und unveränderlichen Glücke nicht den geringsten Abbruch thäten, sondern vielmehr als Dämme anzusehen wären, durch welche der Strohm der Glückseligkeit nur darum eine Weile aufgehalten zu werden schiene, damit er hernach desto gewaltsamer und überschwänglicher auf uns zuströhmen könne, und wir hernach in vollem Maaß glücklich und trunken von Seligkeit und Wonne den Himmel im Busen tragen möchten, den die starken Geister läugnen, und die Schwärmer und Abergläubige hundert Brillen aufsetzen ihn aufzusuchen, ich weiß nicht wo.

Das ist meine Ueberzeugung, und ich hoffe, ich werde sie sobald nicht gegen eine andere austauschen, man müßte mir denn ihren Grund und ihre Quelle irgendwo in der Bibel anzugeben wissen. Die nächsten Freunde unsers im Fleische erschienenen Gottes schrieben seine Reden und Handlungen auf, und wohl uns! daß

sie

sie es thaten, ich fürchte, durch andere Hände würden diese Geschichte so lauter und unbeschmuzt nicht gegangen seyn, was auch Herr Doktor Bahrdt in Gießen davon halten mag. Die Apostel aber waren von ihm selbst — bedenken Sie, welche Authorität — von ihm selbst ausgewählt, ausgesucht, weil sie den nächsten Umgang mit ihm gehabt, seine Lehren also aus der ersten Hand hatten, sie in der Welt auszubreiten, alle Welt Theil an dieser großen Wahrheit nehmen zu lassen, daß Gott selbst in der Welt sichtbar eine Weile gelebt wie ein andrer Mensch, ausgestanden, gelitten wie ein andrer Mensch, und weit mehr als alle andere Menschen, und doch nicht müde oder muthlos geworden, seinen Weg fortzugehen, menschlich gut und edel, menschlich am besten, am edelsten zu handeln, wenn auch der Tod, und Schimpf und Schand im Tode selbst das Final davon wäre — denken Sie, welch eine Lehre! wie viel Trost! wie viel Aufmunterung für edle Menschen, leidende Helden, leidende Halbgötter. Denken Sie, wenn Kato noch gelebt hätte, und ein Apostel wäre zu ihm gekommen, und ihm das Schicksal seines Gottes erzählt, ob noch Verzweiflung seinen Dolch gegen seine eigene Brust würde gerichtet haben? Dieser

ſer Gedanke gehört nicht mein, ſondern dem engliſchen Dichter Rowley, aber er iſt vortreflich gedacht und noch beſſer empfunden, und weil ich ihn nachempfinde, ſo trag ich ihn hier, wie mich deucht, nicht am unrechten Ort auf.

Die Bibel ſagt uns aber noch mehr, ſie ſagt uns, daß dieſe Leute den Geiſt Gottes empfangen, und weil uns das dunkel iſt, was der Ausdruck ſagen will, ſollen wir derohalben die ganze Sache in Zweifel ziehen? Mit nichten, wie viel iſt, das ihr nicht begreift, und wie vieles, das euch in der That noch hundert Procent unbegreiflicher iſt als dieſer Ausdruck ſelber? Habt ihr denn nicht oft genug geleſen, und ſagt ihr ſelber nicht oft genug, dies und das Buch iſt in dem Geiſte dies und jenes Mannes geſchrieben, dieſe und jene Ueberſetzung iſt völlig im Geiſte ihres Originals? Ein menſchlicher Geiſt, der in der von Gott durch die ganze Welt bekannt gemachten Ordnung des Rechts und der Wahrheit denkt, forſcht und handelt, eine Kraft, die ſich ſo unaufhörlich nach der von Gott etablirten und uns empfindbaren Harmonie bewegt, hat ſchon in gewiſſen Umſtänden den Geiſt Gottes, eine göttliche Geſinnung, eine Geſinnung, die dem Willen

der

der Gottheit konform ist, und so hatte die ganze erste christliche Kirche den Geist Gottes. Da ihr aber die Sphäre der menschlichen Geister nicht immer nach der Sphäre eures eigenen Geistes abmessen könnet, da ihr nicht wissen könnet, wie hoch es gewissen menschlichen Geistern könne gegeben gewesen seyn, zu der Gottheit empor zu streben, sich seiner Fülle zu nähern, und aus derselben einen besondern und vorzüglichen gnädigen Einfluß zu erfahren, da ihr ja eben so wenig die sogenannten Wunder begreifen oder nachmachen könnt, die die Apostel thaten, und uns die historische Feder eines, der kein Apostel war, von ihnen aufgezeichnet hat — warum wollet ihr diese Leute, oder ihre Authorität läugnen, weil sie größer waren als ihr, weil sie aus höhern Fenstern sahen? Warum wollt ihr wegen dessen, was euch in euren Reden und Episteln dunkel ist, das Vortrefliche, dem ihr mit Amen und Händeklatschen Beyfall geben müßt, das so schön gesagt ist, als es nur gesagt werden konnte, das mehr als den Stempel des Genies trägt, das eure besten Philosophen nicht halb so kurz, lebhaft und kräftig würden haben sagen können, für blos menschlich, für Irrthümern unterworfen, für zweydeutig halten? Lernt sie doch erst

verstehen, eh ihr so über sie weg urtheilt, das Recht gesteht ihr ja dem elendesten Schmierer zu — und kommt ihr nicht zu eurem Zweck, so schiebt euer Urtheil lieber auf, denn es könnten andere Leute da seyn, oder noch erst gebohren werden, die sie nun besser verstünden als wir, und da, wo wir nichts als Unordnung und Verwirrung und Labyrinth sahen, den schönsten herrlichsten chinesischen Garten entdeckten — einen Garten Gottes wie Eden, und wir, die wir uns weidlich darüber mokirt hätten, welch eine Meynung würden wir unsern Nachkommen von unserm Geschmack hinterlassen.

Diese Leute schrieben nun — und hatten den heiligen Geist — das ist mir genug, und nun werd ich mich schon in Acht nehmen, Ihnen Irrthümer oder Kezereyen zuzutrauen. Daß der heilige Geist es nicht war, der ihnen den Griffel führte, sondern daß es ihre eigene menschliche Seele war, die die Muskeln ihrer Hand bewegte, weiß ich so gut als andere, daß sie im übrigen noch immer Menschen mit Einschränkungen blieben wie wir, weiß ich auch, denn nur der Unendliche hat keine Gränzen, und alle geschaffene Geister und Kräfte haben weitere und engere Grenzen, nachdem es seiner Weisheit und Ordnung beliebt, daß sie also

bey

bey Sachen, die mehr die äußere Einrichtung der Kirche, als die innere Aufrichtung und Entwickelung der menschlichen Geister betrafen, nicht einerley Meynung seyn, pro et contra disputiren, auch gar irren und fehlen konnten, will ich alles zugeben, daß sie aber in sofern geirrt haben, als sie Apostel ans menschliche Geschlecht waren, daß sie für uns geirrt haben, in allgemeinen Wahrheiten, die sich nicht auf lokale Umstände beziehen — das glaub ich nimmer und in Ewigkeit, und wer es glaubt, setzt ein Mißtrauen in die Güte Gottes, die uns durch die zwölf Apostel auf dem Wege unsers Heils gewiß nicht in der Irre führen wollte —

Diese Abhandlung ist noch theologisch, m. H., ich hoffe aber, es soll die letzte seyn. Man wird sie mir verzeihen — weil heut zu Tage doch die Theologie selber beym Tanzmeister in die Schule gehen, und Komplimente machen lernen muß: es ist mir nichts weiter übrig als die Anwendung derselben auf die Theologen in meinem Vaterland und dann auf die ganze Welt zu machen, meiner Predigt ein honett Bürgerkleid anzuziehen, und dann zu versuchen, wie sie in vornehmen Gesellschaften ihr Glück macht.

Was

Was die ersten anbetrift — meine werthen Herren! so wollt ich Sie als ein Patriot, denn diesen Titel kann mir niemand so wenig als meine teutschen Aeltern und das von ihnen empfangene teutsche Blut streitig machen, recht sehr ersucht haben, anstatt der Neuerungssucht, die gar zu gern an allen ehrwürdigen Monumenten hackt und krizelt, um ihr Alterthum und ihre Ehrwürdigkeit zweifelhaft und zweydeutig zu machen, lieber den Staub und Koth rein abzuwischen, mit welchen alle alte und neue Neuerer seit Konstantins, ja seit der Apostel Zeiten selber sie betragen haben: alle hineingebrachte Meynungen und Systeme und ihnen zu gefallen verdrehte und verstümmelte Sprüche aus dem Wege zu schaffen, und wie Bienen an der alten lieben Wahrheit, die so treuherzig noch immer durch alle den Epheu Unkraut und Brombeer durchschimmert, zu saugen, und lautern Honig, Götterspeise für die Menschen daraus zu bereiten — nicht aber alte Meynungen ausreuten, um neue an deren Stelle hinein zu pflanzen, die eben so bitter und trostlos sind, blos um uns einen Namen zu machen. Ein Spruch in seiner vorigen Lauterkeit wieder hergestellt, sollte uns schäzbarer seyn, als ein neu System, das uns die Bibel über=

überflüssig machen will, die doch älter als alle Systeme, und ohne Zweifel auch besser ist, denn sie führt das System Gottes. Und wenn wir das auch nicht ganz übersehen, laßt uns doch mit einer Ecke von dem herrlichen Gebäude zufrieden seyn, es ist so groß und das Leben so kurz, ein Glück, daß wir mehr als Ein Leben zu hoffen haben. Wenn im Buch Josua keine philosophische Moral mit dürren Worten anzutreffen ist, so stehn da Begebenheiten, die dem jüdischen Volke begegnet sind, und aus dem sich die allersolideste philosophische Moral zubereiten läßt, wenn man nur Philosoph darnach ist. — Ich will hiemit keiner einzigen aller Ihrer Bemühungen vorgreifen oder vorgebaut haben, der menschliche Geist wird, wie Ludovicus Vives sagt, durch Arbeit geweidet, ich möchte sagen, genährt und gestärkt, fehlgeschlagene Versuche haben auch ihren Nutzen, und da die Wahrheit immer in der Mitte liegt, müssen wir von einer Seite zur andern balanciren, ehe wir auf dem Seile gehen lernen.

Nun noch ein Wort für die galante Welt. Wir haben itzt das Säkulum der schönen Wissenschaften. Paradox und seltsam genug würd' es lassen, zu sagen, daß sich aus den Schriften der Apostel, so wie überhaupt aus der Bibel, eben so

H   gut

gut eine Theorie der schönen Künste abstrahiren ließe, wie aus dem großen Buche der Natur. Verstehn Sie mich nicht unrecht, ich sage dies nicht grade zu, ich will Ihnen nur einen Wink geben, daß die wahre Theologie sich mit dem wahren Schönen in den Künsten besser vertrage, als man beym ersten Anblick glauben möchte. Diesen Satz weiter auszuführen, würde mich hier zu weitläufig machen, erlauben Sie mir nur, ein paar hier nicht her zu gehören scheinende Anmerkungen anzuhängen, ehe ich schließe. Man fängt seit einiger Zeit in einer gewissen Himmelsgegend sehr viel an, von Sensibilité (bey den Deutschen Empfindsamkeit) zu diskuriren, zu predigen, zu dichten, zu agiren, und ich weiß nicht was. Ich wette, daß der hundertste, der dies Wort braucht, nicht weiß was er damit will, und doch wird das Wort so oft gebraucht, daß es fast der Grundsatz aller unsrer schönen Künste, ohne daß die Künstler es selbst gewahr werden, geworden ist. Der Grundsatz unserer schönen Künste ist also noch eine qualitas occulta, denn wenn ich alle Meynungen derer, die das Wort brauchten, auf Zettel geschrieben, in einen Topf zusammen schüttelte, wette ich, ein jeder würde dennoch dieses Wort auf seine ihm eigene Art verstehen

und

und erklären. Und das ist auch kein Wunder, da wir als Individua von einander unterschieden sind, und seyn sollen, und also jeder sein individuelles Nervengebäude, und also auch sein individuelles Gefühl hat. Was wird aber nun aus der Schönheit werden, aus der Schönheit, die wie Gott ewig und unveränderlich, sich an keines Menschen Gefühl binden, sondern in sich selbst die Gründe und Ursachen ihrer Vortreflichkeit und Vollkommenheit haben soll? Homer ist zu allen Zeiten schön gefunden worden, und ich wette, das roheste Kind der Natur würde vor einem historischen Stücke von Meisterhand gerührt und betroffen stehen bleiben, wenn er nur auf irgend eine Art an diese Vorstellungen gewöhnt wäre, daß er gewisse bestimmte Begriffe damit zu verbinden wüste. Dessen kann sich aber das Miniaturgemählde und das Epigramm nicht rühmen, und jener macht eben so wenig Anspruch auf den Titel eines Virtuosen in der Mahlerey, als dieser auf den Titel eines Genies κατ εξοχην, eines Poeten, wie Aristoteles und Longin dieses Wort brauchten, eines Schöpfers. Das muß doch seine Ursachen haben. Ja, und die Ursachen liegen nicht weit, wir wollen nur nicht drüber wegschreiten, um sie zu suchen. Sie liegen darinn,

darinn, daß jene Produkte hervorzubringen, mehr Geist, mehr innere Konsistenz, und Gott gleich stark fortdaurende Wirksamkeit unserer Kraft erfordert wurde, welche bey dem, der sie lieset oder betrachtet, eben die Erschütterung, den süßen Tumult, die entzückende Anstrengung und Erhebung aller in uns verborgenen Kräfte hervorbringt, als der in dem Augenblicke fühlte, da er sie hervorbrachte. Es ist also immer unser Geist, der bewegt wird, entflammt, entzückt, über seine Sphäre hinaus gehoben wird — nicht der Körper mit samt seiner Sensibilité, mag sie auch so fein und subtil seyn als sie wolle. Denn das Wort zeigt nur ein verfeinertes körperliches Gefühl an, das ich durchaus nicht verkleinere, verachte, noch viel weniger verdamme, behüte mich der Himmel! verfeinert euren Körper ins unendliche wenn ihr wollt und wenn ihr könnt, distillirt ihn, bratet ihn, kocht ihn, wickelt ihn in Baumwolle, macht Alkoholl und Alkahest draus, oder was ihr wollt — der ehrliche Deutsche, der noch seiner alten Sitte getreu, Bier dem Champagner, und Tabak dem eau de mille fleurs vorzieht, der nur einmal in seinem Leben heyrathet, und wenn sein Weib ihm Hörner aufsetzen will, sie erst modice castigat, dann prügelt, dann zum Haus nausſchmeißt, hat einen eben ſo guten Körper als ihr, und noch beſſern wann ihr wollt, wenigſtens dauerhafter, weiß er ihn nicht ſo ſchön zu tragen als ihr, nicht ſo artig zu beugen, nicht ſo gut zu ſalben und zu pudern, er braucht ihn wozu er ihn nöthig hat — und ſucht das Schöne — wenn der Himmel anders unſer Vaterland jemals damit zu beglücken, beſchloſſen hat — nicht in dem, was ſeine verſtimmte Senſibilität in dem Augenblicke auf die leichteſte Art befriedigt, oder vielmehr einſchläfert, ſondern in dem, was ſeine männliche Seele aus den eiſernen Banden ſeines Körpers losſchüttelt, ihr den elaſtiſchen Fittig ſpannt, und ſie hoch über den niedern Haufen weg in Höhen führet, die nicht ſchwärmeriſch erträumt, ſondern mit Entſchloſſenheit und Bedacht gewählt ſind. Da mihi figere pedem, ruft er, nicht mit halbverwelkten Blumen zufrieden, die man ihm auf ſeinen Weg wirft, ſondern Grund will er haben, felſenveſten Grund und ſteile Höhen drauf zaubern, wie Göthe ſagt, die Engel und Menſchen in Erſtaunen ſetzen. Iſt es Geſchichte, ſo bringt er bis in ihre Tiefen, und ſucht in nie erkannten Winkeln des menſchlichen Herzens die Triebfedern zu Thaten, die Epochen machten, iſt

es Urania, die seinen Flug führt, ist es ¿ ;
Gottheit, die er singt, so fühlt er das Welt=
ganze in allen seinen Verhältnissen wie Klop=
stock, und steigt von der letzten Stuffe der
durchgeschauten und empfundenen Schöpfung
zu ihrem Schöpfer empor, betet an — und
brennt — ist es Thalia, die ihn begeistert,
so sucht er die Freude aus den verborgensten
Kammern hervor, wo der arbeitsame Hand=
werker nach vieler Mühe viel zu genießen ver=
mag, und der Narr, der euch zu lachen machen soll,
ein gewaltiger Narr seyn muß, oder er ist gar
nichts. Ists endlich die Satyre selbst, die
große Laster erst zur Kunst machten, wie große
Tugenden und Thaten die Epopee, so schwingt
er die Geißel muthig und ohne zu schonen,
ohne Rücksichten, ohne Ausbeugungen, ohne
Scharrfüße und Komplimente grad zu wie Ju=
venal, je größer, je würdigerer Gegenstand
zur Satyre, wenn du ein Schurke bist —
kurz —

Wo gerathe ich hin? Ich habe nur mit
zwey Worten anzeigen wollen, daß weder Na=
tionalhaß, noch Partheylichkeit, noch Eigen=
sinn und Sonderbarkeit mich begeisterten, wenn
ich jemals Unzufriedenheit über die französische
Bellitteratur, die so wie alle ihre Gelehrsamkeit

mit

mit ihrem Nationalcharakter wenigstens bisher
noch immer in ziemlich gleichem Verhältniß
gestanden, bezeugt habe: doch das ist grad zu
und ohne Einschränkung noch nie geschehen,
und geschicht auch jetzt nicht.

Zweyte Stimme.

M. H.

Die Geduld, die Sie bewiesen haben, bis
hieher zu lesen, macht mich so — wie
soll ich sagen? kühn, wankelmüthig, eitel —
nennen Sie's nach Ihrem Gutbefinden, Ihnen
noch eine Rede zu halten, die nichts mehr und
nichts weniger als theologischen Inhalts ist.
Ich mache weder Anspruch auf den Namen eines Heiligen noch eines Helden, wohl aber auf
den eines Menschen, und also unterwerf ich
mich in Ansehung meiner letzten Versprech-
oder Drohung, „Ihnen nie wieder mit einer
theologischen Abhandlung zu kommen,„ gern
dem Ausspruche Davids: alle Menschen sind
Lügner. Ich habe also diesmal gelogen, mein
Wort gebrochen, und doch bin ich noch so eitel

zu hoffen, daß diese meine Sünde Jhnen weder ganz mißfällig noch ganz unnütz seyn werde. Ich bin ein Laye und wende mich an Sie, meine Herren! die das System unsers Glaubens studiren, die Sie meine neuliche Schrift mit einer in ihrer Fakultät sonst nie erhörten noch gedulbeten Nachsicht, Gelassenheit und Standhaftigkeit angehört haben, um der Wahrheit willen, die aus alle dem Schwachen längst gesagten, und oft genug gesagten, übel verstandenen und übel angewandten oder übel ausgedrückten, immer noch hervor guckte, das macht mir Muth zu Jhnen, denn wenn wir unser persönliches Interesse der Wahrheit nachsetzen können, so deucht mich, sind wir schon auf gutem Wege, in Wahrheit auf dem besten Wege unter der Sonne, auf dem Wege zum Leben.

Da wir also einmüthig annehmen, daß die einzige wahre Religion auf dem Planeten, den wir Erde nennen, die sey, die Gott selbst unter der Person Christi uns hat einführen wollen, da wir zugleich, wie ich von Jhnen allen hoffe, von ganzem einfältigen Herzen die Wahrheit dessen glauben, was uns die Evangelisten im Angesichte der zwölf nächsten Freunde und Bekannten Christi, der Apostel, von

Jhm

Ihm erzählt und aufgezeichnet haben, da wir glauben, daß das, was in den Briefen dieser Apostel mit den evangelistischen Erzählungen so schön zusammen paßt, harmonirt, übereinstimmt, uns den allerkräftigsten und sichersten Wink gebe, daß eines sowohl als das andere göttliche — bewährte und unumstößliche Authorität habe — so wollen wir als freye, und von niemand als der Gottheit allein beschränkte Bürger unsers Planeten uns der vor uns liegenden frohen Botschaft getrost und herzhaft nahen, sehen, was für Vortheile fürs menschliche Geschlecht daraus zu holen sind, ihren innern Werth kühnlich untersuchen, und wenn wir ihn schwer und wichtig finden, zu Dank und Anbethung gegen den bereit seyn, der sie mit uns getheilet hat.

Sehen wir in die Geschichte der Welt, und weil wir keinen andern Knäuel in diesem dädalischen Garten haben, laßt uns doch den Faden annehmen, den Moses und alle Geschichtschreiber nach ihm uns darbieten. Menschen, Anlagen zu allem, was groß, edel und vortreflich nachmals nur unter uns ist genennt worden, aber nur immer noch Anlagen, Keime, die nach und nach aufschossen, herunter wuchsen, die Kreuz und die Queer wuchsen, Wurzeln einankerten, erst im San-

H 5.   De,

de, dann in die Tiefe, dann bis in die Hölle hinab, Blätter trieben, Zweige trieben, Stämme wurden, Eichen wurden — bis denn endlich der dunkle undurchsehbare Wald draus worden ist, in dem wir uns jetzt befinden, beständiger Gefahr zu berirren ausgesetzt, ganz ohne Weg und Steg und Licht, wenn es dem Pflanzer und Gärtner selbst nicht beliebt, uns Wege durchzuhauen und Licht hinein scheinen zu lassen. Welch eine unendliche Menge von Begierden, Bedürfnissen, Charakteren, Sentiments, Entschlüssen, Handlungen, Nichthandlungen — o gütige Gottheit! wer anders als du kannst alle die tausendmal tausend Verschiedenheiten von Köpfen huten — mir schwindelts, wenn ich dran denke, daß Philosophen waren, die moralische Systeme fürs Ganze erfinden wollten.

Doch ich deklamire schon wieder, und ich wollte heut durchaus nicht deklamiren, sondern nur fragen, mich belehren lassen, Ihnen Zweifel vorlegen, die Sie mir lösen sollen, zur Beruhigung meines weltlichen Herzens, das nach nichts weniger strebt, als in der geistlichen Republik eine große Rolle zu spielen. Aber es schon. Ein Narr mehr fragen kann, als zehn Kluge beantworten, so lasse ich mich doch damit nicht abweisen, denn diese an sich ganz
gute

gute Sentenz ist mit alle dem noch keine Antwort auf die Frage des Narren, wenns ihm um Wahrheit zu thun ist.

Meine Hauptfrage ist also die: Kam Christus auf die Welt, uns ein moralisch System zu lehren, das heißt, uns in seiner Lehre ein moralisches Ideal eines vollkommnen guten verständigen, artigen — kurz — eines Extramenschen zu geben? Nehmen Sie hier ja wohl in Acht, daß ich hier blos frage, blos nur mich will belehren lassen, daß mir die Meynung pro noch so wohl gefällt als die Meynung contra, wer mir unter Ihnen die meisten Gründe und die schwersten für seine Meynung anzugeben wissen wird, der soll mir der willkommenste seyn. Weil ich als Frager aber auch eine Stimme habe, so will ich jetzt so meine Gedanken drüber und dafür und dawider Ihnen ganz nackend aufstellen, vogelfrey, eben so bereitwillig kanonisirt, als exkommunicirt oder keins von beyden oder etwas von beyden zu werden, wie sies verdienen werden.

Wir haben bis auf Christum noch immer Leute auf der Welt gehabt — einige wenige Ausnahmen seitwärts in Griechenland, Morgenland und Egypten, die aber auch noch zweydeutig sind, thun nichts zur Sache — die die Glück-

Glückseligkeit des Menschen einzig und allein in dem Genuße sichtbarer und fühlbarer Dinge setzten, die einzige unsichtbare Glückseligkeit, die ihnen noch bekannt war, war die gute Meynung anderer Menschen von ihnen, Ehre und Ruhm, die Grundsäulen aller Tugenden und Thaten des Alterthums und des ganzen Heidenthums. Sollen wir diese Glückseligkeit heruntersetzen, verachten, verdammen? Mit nichten, meine Herren! wie viel und wie wenig wenig würde denn von der ganzen Summe der Glückseligkeit in der Welt übrig bleiben. Aber ist sie uns alles, das Final aller unserer Wünsche, alles unsers Strebens, alles unsers erbärmlichen Nisus und Renisus, das non plus ultra unsrer gen Himmel schwingenden Seele? Das war die große Frage, die damals eben in der Weltasche schlummerte, und nur bisweilen in kleinen Fünkchen emporglimmte, als Christus auftrat: Metevoeite — herüber mit eurem Gemüthe, höher, höher, arme Sterbliche, oder ihr lernt die Gottheit nie kennen, nie in eurem Busen fühlen. Und wie das zu machen, wo da hinreisen, wo da einsteigen, was sollen wir einpacken, was sollen wir mitnehmen, womit werden wir uns speisen, womit werden wir uns kleiden, was wird mein Papa

Papa und meine Mama sagen, was wird Bür-
germeister und Rath der und der Stadt dazu
sagen, und meine Güter, meine Zinsen, meine
liegenden Güter, meine beweglichen Güter,
meine zukünftigen Güter, meine Netze, mein
Zollhaus, mein Schiff und der Vater Zebe-
däus drin, wie wird das, wie geht das, nimmer und in Ewigkeit! — — Keine Entschul-
digung! Folge mir nach, ruft er, mit Füch-
sen und Vögeln geh unter Gottes Himmel umher, und laß Vater Vater seyn und Brüder
Brüder seyn, wenns um Wahrheit gilt — und
so bringt er zwölf brave Leute zusammen, die
ihm auf sein bloßes „Folge mir,, glauben, thut
einige Thaten, daß die Engel drob jauchzen möchten, unbekümmert, ob sie drob jauchzen oder
nicht — tritt itzt auf einen Berg, um den ein
Haufen Faineans und Badeaux und Zöllner und
Sünder, kurz la plus vile populace hinströmt,
hinhängt an seinem Munde und Blicken, um zu
hören, was doch der neufränkische unbekannte
sonderbare Mann dort sagen wird, wie er sich
doch anstellen wird, um irgend eine neue Sekte
aus ihnen zu machen, mit denen er die Ge-
bürge durchstreicht, wie die damals so häufigen
und gewöhnlichen Räuberbanden pflegten, in
seiner Lehre sich über den ganzen römischen Po-
paus

panz von Weltdespotismus mofiren, ihre Staats=
verfassung mit den spitzigsten und abgefeintesten
Waffen des Witzes angreifen und übern Hau=
fen werfen wird, und sie alle anfrischen wird,
die gewöhnliche Sprache der unruhigen Köpfe,
der Sektirer, Empörer, Heerführer, für die
Freyheit dem ganzen Staate in die Haare zu
fallen, zu siegen oder zu sterben — —

So etwas und noch vielmehr erwarteten
sie von einem Manne, der plötzlich unter ihnen
mit Wunderkräften aufstund, von einem Zau=
berer also, von einem Manne, der alles konnte,
und nur noch Leute brauchte, die mit ihm zo=
gen und seinen Winken zu den erstaunlichsten
Revolutionen auf dem Erdboden gehorchten, zu
Rauch, Dampf, Blut, Belagerung, Zerstö=
rung und Ruin. — —

Wie sehr mußten sie sich in ihrer Erwar=
tung betrogen, betäubt und betroffen finden,
als er seinen Mund aufthat und anfieng: Se=
lig sind die geistlich arm sind: selig sind die Leyd
tragen, selig sind die Sanftmüthigen und die
um der Gerechtigkeit willen verfolgt werden —
o weh! der halbe Haufe hat gewiß vor Erstau=
nen in den ersten Augenblicken noch nicht zu
sich selbst kommen können, diesen Augenblick
macht sich Christus zu nutz und redt seine Jün=
ger

ger an: ihr seyd das Salz der Erde, ihr seyd das Licht der Welt, die Leute verstanden das schon besser, nun kehrt er sich wieder an die Menge, die derweile zu ihrer vorigen Besinnung gekommen war: ihr müßt nicht glauben, ich sey kommen, euer Gesetz, eure Propheten aufzulösen, sondern zu erfüllen.

Jetzt, meine Herren, ist hier die Frage, heißt das Auflösen hier abschaffen, verwerfen, grad weg, ganz allein, wie es gewöhnlich erklärt wird, heißt das Erfüllen im Gegentheil vervollkommnen, verfeinern, verbessern ganz allein: oder liegt in diesen, wie in allen Reden Christi, nicht ein tieferer, ein zweyfältiger, ein Doppeltsinn, der aber auf eins hinaus kommt, der in einem ganz andern Verhältnisse als der Doppeltsinn der heidnischen Orakel, an statt zu betrügen und verwirren, vielmehr, je länger man ihm nachdenkt, mit desto schönern, fruchtbarern, seligern Entdeckungen uns belohnt, ein Doppeltsinn, der für die hier hinhörende Menge vollkommen zulänglich und zuträglich — zugleich aber für die nach ihnen kommenden Nachkommen ihrer nachkommenden Nachkommen eben so zulänglich, eben so zuträglich seyn konnte und seyn sollte. War ein solcher Doppeltsinn Christi unwürdig? Ich

was

wåg es nicht zu sagen: ja. Vielmehr — doch hier sollen Sie mir sagen.

Wie wärs also, wenn es zugleich hieße, die vorige Bedeutung nicht ausgeschlossen, ich bin nicht kommen, euch das Gesetz und die Propheten zu erklären, euch euer Moralsystem heraus zu drechseln, sondern zu erfüllen; zu thun, und wer's Herz dazu hat, der thue mir nach. Sehen Sie den Zusammenhang. Sie werden diesen seligen Doppeltsinn fortgesetzt und durchgeführt finden. Denn ich sage euch, dies Gesetz wird nicht vergehen, bis Himmel und Erde vergeht; das mußte dem rohen Haufen dort gesagt und ihm erst Ehrfurcht und Scheu dagegen eingeprägt werden, aber zugleich kriegen wir einen Wink, und das ganze menschliche Geschlecht kriegt einen, das Gesetz ist gut und ewig, wie der Himmel, will er sagen, und muß bis auf den letzten Titel geschehen, zugleich eine Weissagung, und wird geschehen, es wird Menschen geben, die es werden halten können, und gleich im folgenden Vers ι. Wer nun eins dieser kleinsten Gebothe aufzulösen, zu erklären im Stande ist, der wird der Kleinste heißen im Himmelreiche, in dem seligen Zustande der Christen, denn eine andere Erklärung vom Himmelreiche weiß ich nicht, also unter den seligen

glück

glückseligen Geistern wird der der Kleinste heißſen, aber wers thut und lehrt, der wird groß heißen unter ihnen.

Jetzt ist der Uebergang zum folgenden Verſe der allernatürlichſte, der gefunden werden kann. Doch iſt hier immer Doppeltſinn, doppelter, zwiefacher, dreyfacher Sinn, vielleicht hundertfacher in jedem Worte, und das iſt eben das Vortrefliche der ganzen Predigt. Eure Phariſäer, eure Geſetzausleger ſind noch gar nicht die rechten Geſetzausleger, nicht allein darin noch tadelhaft, daß ſie das Geſetz nicht erfüllen, ſondern auch darin, daß das moraliſche Ideal, das ſie aus dem Geſetze heraus heben, noch gar nicht bey weitem nicht an das rechte ächte nur gränzet, nur anſtößt, ſondern ganz und gar in einer andern Himmelsgegend liegt. Beyſeite geſetzt, daß, im Falle es auch das Beſte wäre, es doch immer beſſer wäre, eins von den kleinſten Geboten Gottes zu thun, und hernach den Leuten darüber die rechten Aufſchlüſſe zu geben, als es blos zu lehren.

Jetzt, meine Herren! fordre ich Sie auf, daß Sie weidlich durch die Spießruthen der Kritik laufen laſſen, ich ſage, ich fodre Sie dazu auf, und das aus vollem Ernſte, denn der kaltblütige uneingenommene Kritikus wird hier mir offen-

offenbar zeigen können, daß ich der ganzen Stelle Gewalt angethan, daß Christus im 17ten Vers das Wort καταλυσαι gebraucht, welches dissolvere heißt, zerstören, aufheben, und im 19ten das simplex λυση allein, das nichts mehr heißt, als lösen allein, das also noch eher die Erklärung annehmen könnte, von auslegen, zergliedern: mein Herz sagt mir aber eben umgekehrt, daß Christus beym Worte καταλυσαι, ob schon es für den Haufen, der ihm zuhörte, destruere, aufheben, hieß, doch vielmehr an auflösen, erklären, auseinanderlegen gedacht, und hingegen beym simplex λυω im 19ten Vers mehr ans erklären auf eine solche Art, daß man die Leute gern von der Verbindlichkeit gegen dies Gesetz losmachen, befreyen möchte, ihnen das vermeynte Joch los, weit offen machen möchte — und da sollten Sie nur sehen, wie ich armer Laye bey dieser Gelegenheit bald den Schrevelius, bald das griechische Testament, bald die lutherische Uebersetzung reite, und doch zu der wahren Bedeutung des Worts καταλυω nicht hinreiten kann, vielleicht weil es durchaus nicht eine einzige Bedeutung hat und haben soll, denn das verzweifelte κατα heißt eben so gut contra als versus und contre und envers sind doch durchaus nicht dasselbe

Ding,

Ding, das eine iſt Feind, das andre gut Freund. Hernach ſagt mir zwar Schrevelius; denn den Scapula hab ich nicht, m: H.! und Griechiſch verſteh ich auch nicht viel, (doch das unter uns) in compoſitis heiße es de, ad, valde und deorſum — geben Sie auf das valde acht, denn zu dem ſpühre ich hier die meiſte Inclina‐ tion — und jetzt durchlauf ich im Schrevelius alle die Compoſita von κατα, um aus der Analogie, wie es bey andern Wurzelwörtern ihre Bedeutung modifizirt, etwas für meine Erklärung zu holen — denn das können Sie mir nicht verdenken, hierin bin ich allen Bi‐ belauslegern vom Dokter Baumgarten bis zum Schuſter Böhm gleich, aus dieſer Urſache et‐ was wider meine Erklärung aufzuſuchen, das überlaſſe ich Ihnen, und bitte Sie darum — hierin bin ich den vorbenannten Herren nicht gleich. Alſo die Compoſita von κατα, κατα‐ βαινω, deſcendo, das iſt nichts, καταβα‐ πτιζομαι, immergor, ſehen Sie, das iſt etwas, das heißt hier, einen recht ſehr tief untertau‐ chen, καταβαβρευω debito praemio privo — ô das iſt übel, nein, ich muß ſo aufrichtig nicht ſeyn, ich will die andern Compoſita ſtill durch‐ gehen, und wenn ich etwas für mich finde, dann erſt laut werden —

Unterdessen, m. H., lassen Sie uns zum Zeitvertreibe die Lehre von den moralischen Idealen erst vornehmen, und uns unsere Meynungen darüber abhören, denn ich muß Ihnen sagen, ich habe darüber noch ein wenig, viel auf dem Herzen. — Von dem Worte πληρωολλ wollt ich Ihnen auch noch eine philologische Untersuchung und von dem Worte αντισημ und von vielen andern Wörtern, doch man muß seine Gelehrsamkeit nicht all auf einmal ausschütten, weil die edle Bescheidenheit — weg Schrevelius!

Was ist von den moralischen Idealen zu halten? Hier, m. H., werden wir uns wieder zanken, und das ist die Absicht, warum ich aufgetreten bin, denn ich bin Fried und Einigkeit von Herzen feind, und kann die Leute, die immer Recht geben, eben so wenig leiden als die, immer Recht haben wollen. Ich vor mein Theil halte von den moralischen Idealen ganz und gar nichts — oder wenn Sie mir Recht geben, halt ich von ihnen bis zum Sterben viel. Lassen Sie uns das pro und contra hören! Ich stelle mich jetzt zum contra, stellen Sie sich hier gegen über zum pro — oder meynen Sie anders? nun nun, so will ich mich denn jetzt vor der Hand zum pro stellen.

"Was ist moralisch Ideal? Es ist das beste, was wir von Tugend wissen, das dem Volke auf die beste Art vorgetragen. So haben alle Philosophen und Gesetzgeber aller Völker gemacht und haben sehr Recht gehabt, nach meiner Meynung, es so zu machen, denn seht einmal, ihr lieben Leute, wenn man einen krummen Baum grade haben will, so muß man ihn an einen graden Stock binden, oder wenn man das menschliche Herz bessern will, so muß man die in der Welt sparsam zerstreueten Züge der Tugend alle zusammen nehmen, und in ein Gemälde bringen, ein schönes Ganze draus machen, das uns mit seiner Grazie, mit seinem himmlischen Lächeln die Seel aus dem Körper heraus winkt, und uns mit brünstiger Zuneigung auf diese unwiderstehliche Gestalt zufliegen, in ihre Arme an ihren Busen sinken macht und so dergleichen —

Ich seh, m. H., es will mir nicht recht von Herzen gehen, so viel Gutes von dem lieben pro zu sagen, es möchte mir Schaden thun, denn ich habe nun einmal das liebe contra in meine Protektion genommen, und vor heute will ich dabey bleiben, kommen Sie mir aber nicht nach, ich bitte Sie, sonst lauf ich wieder

der zum pro zurücke, denn ich will nun einmal disputiren, mag es gehen wie es wolle.

Also frage ich jetzt im Namen und von wegen meiner heutigen Lieblingsmeynung, primo, ob ein allgemein moralisch Ideal möglich ist? für alle Zeiten — für alle Völker — für alle Umstände — bedenken Sie selber. Ja nachdem der Mann ist, werden Sie sagen. Unser Heiland zum Exempel, hätte schon ein solch Ideal geben können, denn er sah in alle Völkerschaften, alle Zeiten, alle Umstände — aber ich habe ja gefragt, ob ein solch Ideal an und für sich selbst möglich wäre, nicht ob für den, oder für den? Doch das lassen wir stehen, es ist hier der Ort noch nicht, das auszumachen.

Viel schönes hätt ich unterdessen doch für mein contra immerweg sagen können; zum Exempel, daß es Völker gebe, wo die kindliche Liebe sich durch den Todschlag zu erkennen gebe, und wieder andere, wo durch das Prügeln sich die eheliche Liebe zu erkennen giebt, und wieder andere, wo es moralisch schön ist, ein cocu zu seyn, und wieder andere — aber, m. H., all das haben Sie durch die Hülfe einer heftigen Hand verloren, die die Nerven meines Gehirns so lang auf und nieder gezogen und gerissen hat; bis das letzte Gränchen Witz heraus gefallen war, rein deutsch zu reden, ich habe mich frisiren lassen, und da ist mir bey diesem Kammstriche Stern durch den Kopf gefahren, bey jenem Abbt, beym dritten Wieland, beym vierdten — ja was soll ich Ihnen mit all den hundert Kamm= und Gedankenstrichen das Papier verderben, ich will Ihnen nur das Final davon sagen, und das war (schwer zu rathen wirds Ihnen wohl nicht seyn) Laye! du bist ein grosses Genie — unseliger Gedanke! mit einem Streiche waren alle Brunnen des Witzes und der Laune, und der Vernunft verschlossen. Ich setze mich an den Tisch, aber ach! nicht mehr der vorige, nehme die Feder, sehe sie an — — denke an Gottscheden, sage: Laye, du bist ein kleines Genie, aber leider! auch das will nicht mehr helfen. Wo seyd ihr schönen Gesichter alle, holde Geister! die ihr mich eurer gnädigern Influenzen würdigtet. Aus ist das Licht — und ich sitz in der Camera obscura, und beweine meinen Unverstand. O meine Herren! ich warne Sie alle für diesem feindseligen Gedanken, wenn Sie anders jemals ihr pro gut gegen mich vertheidigen wollen. Jetzt sieht es schlimm mit meinem contra aus, ich will mich anziehen und zu Tische gehen, und fressen, weil ich nicht denken kann. Aber ach all ihr Mächte des

Olym=

Olympus! welch ein Unterschied unter fressen und denken. Contra du wirst verlieren; contra steh geschwind auf, geh, bind dir die Schürze vor, laß dich frisiren und suche dir einen andern Liebhaber, der deine Sache besser vertheidigen kann, und dem's nicht mitten in der Hitze des Gefechts, des stärksten Ausfalls auf deine Belagerer einfällt, einfällt, er sey ein großes Genie, und der die Religion besser gefaßt hat, die uns nur unsern lieben Herrn Gott von ganzem Herzen lieben, bewundern und verehren, unsere lieben Nächsten aber für eben so große Genies halten lehrt, als wir selber sind.

Das war eine animalische Digression,— denn ich komm eben vom Mittagsessen zurück— oder vielmehr vom Kaffeehause, wo mir ein artiger Vorfall begegnet ist, den ich Ihnen erzählen muß. Ich saß dort in meinem frischen Nebelrocke, ob zu vornehm oder zu gering, den Sonntag mit meinem besten Kleide zu feyern; darüber blieb das Kaffeepublikum noch so ungewiß als ich selber. Ich sah jemand Unbekanntes die Zeitung lesen, ich bat sie nur von ihm aus, setzte mich zu ihm, um ihm die Müh zu sparen, mich zu suchen. Als er sie ausgelesen, was meynen Sie, wem er sie gab? seinem Nachbar von der linken Seite: ich regte mich—

nicht — — ach mein Herr, sagt' er, nehmen Sies doch nicht übel, ich hatte Sie vergessen. Vergessen? sagte mein alter Adam, vergessen? das hat er nun ganz gewiß nur zu deinem Kleide gesagt; denn wenn er wüste, was für ein groß Genie du bist — was für ein schlechter Kerl du bist, fiel ihm mein Gewissen in die Rede, und mein Gewissen hatte Recht. Denn, m. H.! wenn wir bedenken, was heutigs Tages ein großes Genie heißt und sagen will, heurig, da die Bedürfnisse und Hülfsmittel der Geister so hoch gestiegen sind, da sie so viel genossen haben, so schwer mehr zu kitzeln sind, so große Kitzungen schon in allen Zungen und Sprachen passirt haben, da wir Schriftsteller andern Seits so erstaunende Quellen und Vorrath unbereitet vor uns liegen haben, und mit nichts mehr beynahe beschäftigt sind, als die Sachen, mit denen wir unsere lieben Zuhörer speisen wollen, mit ein wenig Citronensäure oder so etwas anzumachen — adieu! groß Genie! wie viel kommt die Mahlzeit? packe dich! Nun denn zu unsern moralischen Idealen zurück! und laßt uns mit Ernst abwechseln, sonst haben die Berge geboren, und eine Ratte ist zwischen ihnen durchgelaufen. Unausgemacht also, ob ein allgemein moralisch Ideal

J 5 möglich

möglich war, könnten Sie mir secundo so antworten?

Alles zugestanden in Absicht des allgemeinen Ideals; ist es darum nicht lobenswerth, nicht heilsam, für gewisse Nationen in gewissen Zeitläuften, unter gewissen Umständen partikularallgemeine moralische Ideale zu empfinden, um den Geist zu ihrer Nachahmung zu erheben. Ich behaupte hier, daß solche Ideale nicht allein nicht heilsam, sondern auch schädlich seyen, wohl zu merken aber, daß sich von meinem hochweisen Ausspruche noch immer appelliren läßt, und daß ich selbst davon zu dem Ausspruch des ersten besten meiner Gegner in re und in spe appelliren werde, wenn sie mich eines bessern belehren werden.

Mein erster Grund ist der gewöhnliche, den alle aufrichtige Kunstrichter der Fieldingschen und Richardsonschen Romane schon fast abgebraucht haben, daß der gemeine Bösewicht oder auch blos sinnliche Thiermann, durch solche so weit über ihn erhabnen Gemählde vom wahren Guten abgeschreckt und muthlos gemacht wird, jemals so etwas aus sich zu machen. Es geht ihm wie dem treuherzigen Deutschen, der mit einem Gascogner auf Schwimmen gewettet, und, da er hörte, daß der andre sich schon
mit

mit Fourage nach Ostindien versorgt hatte, sogleich abtrat, und ihm den Preiß der Wettegern cedirte. Doch auf den Grund ist schon viel von andern nicht so aufrichtigen Kunstrichtern geantwortet worden, und doch, wie mich deucht, noch nicht genug. Mein zweyter Grund ist, daß der andere Theil des Publikums, der die Ideale so begierig auffängt, es deswegen thut, weil mit ein klein wenig Mühe die Aussenseiten dieses Ideals so halbweg gut in seinen Charakter übergetragen werden können, und er also in der ganzen christlichen und honetten Welt für das gelten kann, was dem Halbkenner die Ideale selbst gelten, unbesorgt, ob das innere des Charakters dem Kern des Ideals entspreche, denn wer wird mich auf der Goldwage abwägen, genug, daß ich das Bild und die Ueberschrift trage, und untersteht sich einer, mir so nahe zu kommen, der nehme sich vor mir in acht, ich mag nun fechten oder processen gelernt haben, in der Feder oder im Degen stark seyn, er soll mir meine Reputation oder guten Namen nicht abschneiden, oder der Teufel und das Wetter —— —— so machten denn die moralischen Ideale aus dem andern Theile des Publikums einen großen Haufen Heuchler, und das wär, deucht mich, noch schlimmer als das erste.

Nun

Nun aber diese beyden Gründe bey Seite gesetzt, gesetzt auch, es wäre nicht so, und wir strebten mit aufrichtiger Seele aus wahrer herzlicher Neigung nach diesem wunderschönen Ideal, in welches wir uns so schmerzlich verliebt hatten — wär das gut? m. H.! und gewönnen wir dabey? Allerdings, werden Sie mir alle einhellig zurufen — Geduld, nicht so hastig, lieben Herren und Freunde, lassen sie mich erst Athem holen, meine Flügel, meinen Rüssel und alle meine Fliegenwaffen putzen und in Vertheidigungsstand setzen, eh ich zum anderumale auf die moralischen Ideale lossumme und steche. Was war denn das moralische Ideal, als das Resultat aller unsrer Betrachtungen und Spekulationen über die Tugend, der Ruhepunkt, auf den wir mit der ganzen Karavane unserer Erkenntniß; (Notabene, ich rede hier von dem besten Ideal, das jemals ist gemacht worden), Erfahrungen, Beobachtungen und Vernunftschlüsse gekommen sind; und wo wir uns nun, wie der müde Wanderer unter dem Schatten des Ahorns nach überstandner Tageslast und Hitze hinwerfen, und sanft zu entschlummern gedenken. Ist aber ein solcher Ruhepunkt möglich, ist er nöthig und nützlich, ist er einem endlichen Wesen unter irgend einem Vorwander

anzu=

anzurathen, zu empfehlen, auch nur zu verzeihen? Ihm, dessen ganze Existenz Streben ist, ihm, dessen Streben, so sehr er es auch zu unterdrücken suchen wird, nie nachläßt, als bis diese himmlische Flamme in ihm ausgelöscht ist, die ihn streben macht, die eben durch dieses Streben, seinen Körper, seine ganze Maschine empfindbar, fähig macht, das sich erstrebte Glück zu genießen, und durch Nachlassen dieses Strebens eben wieder in die vorige Unempfindbarkeit, in die vorige Indolenz zurück sinken läßt. Vergebens sucht er, alsdenn sich die vorhin einmal versuchten und geschmeckten Eindrücke von Wollust und Vergnügen zurück zu rufen, sobald die Ursache wegfehlt die Wirkung, oder reverberirt wenigstens in immer schwächerer Progression, je nachdem die wieder angewandte Kraft stärker oder schwächer ist. Und sollen wir denn ruhen, meine Herren? — Verflucht sey die Ruhe und auf ewig ein Inventarium der tauben Materie, aber wir, die wir Geist in Adern führen, ruhen nur dann, wann wir zu noch höherm Schwunge neue Kräfte sammlen, wenn wir freywillig zu sinken scheinen, um weit über den Gesichtskreiß der gewöhnlichen Sterblichen empor zu steigen.

Schon

Schon wieder deklamirt er, das ist nicht auszuhalten. Deklamation, wo Vernunft gelten soll. Aber verzeihn Sie mir, m. H.! ich bin jung, und eh das Holz recht angebrannt ist, pflegt es immer stark zu rauchen, besonders wenn es vorher feucht oder gar naß gewesen war. Aber mit alle dem hören Sie noch ein paar kaltblütigere, aber wie mich dünkt, nicht minder wichtige Zusätze oder vielmehr Folgerungen aus meinem vorigen Argument. Ich setze die aufrichtigste Absicht, die idealischen Forderungen eines noch so gut ausgedachten, abgedrechselten Moralsystems im gemeinen Leben anzuwenden und auszuüben, werden sie uns nicht eben dadurch, daß sie uns bey der Qualität unserer Handlungen zu lang aufhalten, an der Quantität, an der größern Anzahl unserer guten Handlungen Schaden thun? Wird der Reisende weiter kommen, der seinen Schritt nach dem Ziele rasch fortgeht, oder der seinen Fuß manierlich setzt, und die Schritte dahin abzählt? Ich will nicht untersuchen, welches schöner und artiger, sondern welches schneller zum Ziel führt. Wird der, um nicht immer verblümt zu seyn, der, wenn er einen Hülfsbedürftigen sieht, vorher untersucht, wie nah oder fern die Hülfe, die

er ihm leisten könne, von dem Ideal abstehe, daß er sich von Mildthätigkeit und Menschenliebe in den Kopf gesetzt, besser handeln, als der, ohne Raisonnement und schnell hilft, ohne daß die Rechte weis, was die Linke thut? Sie werden mir zum Theil hier herzhaft Ja, antworten, weil der eine gewiß weis, wo und wie die Wohlthat angewandt ist, welche Wirkung sie thut, welchen Nutzen sie stiftet: ich bitte aber, auf der andern Seite zu beherzigen, daß der andere in der Zeit drey, vier Thaten gethan hat, in welcher jener nur noch zu seiner ersten den Entschluß faßte, daß er also mit weit mehr Geschwindigkeit und folglich auch mit größerer Kraft sich auf dem Wege zum Guten fortbewegt hat, als der erstere — zu beherzigen, daß selbst diese lang überlegte gute Handlung, ein gewisses Gefühl derselben und des Werths, den sie uns giebt, mit sich führt, welches nicht allein sehr gut und zu loben, sondern auch die einzige wahre Glückseligkeit der guten Geister unter dem Himmel ist, daß dieses Gefühl aber durchaus so zart, geistig und spirituös ist, daß, wenn eine Minute, eine Sekunde über die ihm vorgesteckte Zeit hinaus währt, es schon verraucht ist, und gemeiniglich nichts als eine abgedämpfte saure Grund-
suppe

suppe von Selbstgefälligkeit zurück läßt, die zuletzt in Eigenliebe und Hochmuth ausartet, Empfindungen, die auch den besten Herzen nur darum noch in dieser Welt von Gott gelassen zu seyn scheinen, um sie wegen ihren Sünden zu strafen: Empfindungen, die so wenig von Trost, so wenig von Glückseligkeit in sich enthalten, daß ohne sie der Mensch ein fröhlich emporschwebender und herabsteigender Engel seyn würde, da er mit ihnen oft bis zum Teufel herunter arten kann. Ich schreibe hier so grad weg vom Herzen ab, wie ichs selbst oft nach meiner Proportion erfahren habe, und nicht mehr zu erfahren wünsche, wie Sie auch mit mir thun werden, wenn ich mich anders Ihnen recht verständlich zu machen gewußt habe.

Alle das wirft den anderweitigen Nüßen und wahren Werth der moralischen Ideale noch nicht um, es sind nur Einschränkungen derselben, Angriffe, gegen welche sich in Vertheidigungsstand zu setzen, ich Ihnen überlasse. Eine Hauptbatterie haben Sie noch, gegen welche ich heute meine müden Truppen anzuführen, nicht wage, der Reiz, der diesen Idealen so eigenthümlich ist, der Hang, den alle Menschenkinder zu allen Zeiten dafür gespührt haben, der Effekt, den sie gethan haben, da sie Philosophen und

Platone

Platone, so gut als Künstler und Zeuxesse hervorgebracht, denen wir doch die Hochachtung unmöglich absprechen können, die alle Welt ihnen von jeher bezeugt hat. Ein andermal, m. H.! vor heute rasten wir. ———

Nun kehr ich zur Bergpredigt Christi zurück. Ob er uns ein solches Ideal in seiner Lehre habe aufstellen wollen, denn von seinem Leben, in sofern es Ideal für uns ist, reden wir ein andermal. Und da zerfällt der kritige Punkt von selbst wieder in zwey Fragen. Ob er seinen Zeitverwandten ein solches Ideal habe vorstellen wollen? Ob das, was ihnen Ideal war, auch uns, als Ideal, gelten könne und solle?

Mich deucht immer, die Hauptabsicht der Lehre Christi liegt in dem einen Worte, das schon Johannes auf Ihn deutend, und er, als der Herr, dieser Predigerstimm' in der Wüsten Johanni, nach ——— dem Menschengeschlechte einmal über das andere zugerufen: Μετανοειτε μετα, μετα!! und weiß ich nicht, wie man grad darauf gekommen ist, das durch resipiscite und thut Buße zu übersetzen, warum nicht lieber, erhebt euern Sinn, welches freylich die Umkehr von allen Sünden, die Buße, voraussetzt, aber μετα! μετα! überweg über

alle

alle eure vorigen Meynungen von Vollkommenheit und Glückseligkeit, überweg, über euer von plus ultra, über euer Ideal selbst, und unaufhörlich überweg, so lang ihr noch weiter könnt. Das Heraufsehen ist nicht gefährlich, nur das Heruntersehen ists; da könntet ihr anfangen zu schwindeln und zu purzeln.

Ein Zweck, wie der, ist einer Gottheit würdig, wann sie in Menschengestalt unter uns auftritt!

Aber nun wegen der Ideale, wie bleibt es damit? Mußten nicht gewisse Stäbe zu dieser unabsehbaren Reise als Merkzeichen eingestellt, und zwischen ihnen gewisse Länder der Glückseligkeit genau ausgemessen, begränzt und mit Farben illuminiet werden, wenn diese hohe und erhabene Lehre für menschliche Geister brauchbar werden sollte?

Gern zugegeben und ein jedes illuminirtes Land wäre dann ein Ideal für sich, und unter diesen Idealen selbst eine gewisse Stuffenordnung. Ob aber Christus in seiner Lehre ein solch moralisch Ideal hat ausmahlen wollen? das ist meine Frage, und die sollen Sie mir beantworten.

Ob er das in der Bergpredigt gethan, da er ins Detail der alten Gesetze und Traditionen

der

der Juden, oder vielmehr eigentlich mit der
Schriftausleger und Pharisäer gleich, oder
noch vielmehr, vielmehr, da er eigentlich nur
die Blößen und Mängel des pharisäischen
Moralideals in ihrer Nacktheit auseinander
setzt, und durch den Kontrast seiner höher
getriebenen edlen moralischen Forderungen in
ihr Gericht nicht stehen wollte.

Ob diese moralischen Forderungen die höch=
sten sind, die gemacht werden können?

Ob sie zusammengestellt, ein moralisch Sy=
stem heraus bringen? Oder ob sie nur aufrei=
henweise, bindenweise scheinen, um dem
Menschenverstande einen Wink zu geben, es
sey für freye Geister, die in ihrer Wirksamkeit
immer fortschreiten und fortschreiten sollen, kein
allgemeines Moralsystem möglich, oder wenig=
stens müsse es so weit und groß seyn, daß alle
mögliche Modifikationen, wenn sie nur nach
der Analogie der angegebenen Grundlinien ge=
zeichnet, hinein passen, um das Gemählde
abwechselnd und dadurch desto anmuthiger und
vollkommener zu machen?

Ob Christus das vergeblich gesagt: Ich
bin gekommen, die Sünder zur Erhebung ih=
rer Seele zu Gott zu rufen, nicht die Gerech=
ten,

ten, die nemlich alles schon sind oder zu seyn glaubten, was sie seyn sollen?

Ob das πληροω ausüben, implere, oder vervollkommen, supplere, oder alles beydes zusammen heiße, und ob die Absicht der Zukunft Christi mehr gewesen, uns die leichteste Art zu zeigen, wie wir die Gebothe Gottes erfüllen können, oder mehr, uns das höchste Ziel zu stecken, wie weit die Gebote Gottes und seine Foderungen an uns gehen können, denn das müste das Ideal Christi seyn, wenn er uns in Ansehung unserer Moral eins hätte vorschreiben wollen?

Endlich, ob es das rathsamste, schlecht und recht wie Hiob vor dem Herrn zu leben, ganz unsere Schönheit und Vollkommenheit zu vergessen, und nur das Schöne außer uns bis zu Gott hinauf, aufzusuchen und zu empfinden, so aber, daß wir in dieser Beschäftigung nie müde werden, oder — hier habe ich noch nicht recht überlegt, was ich fragen wollte, der Abend tritt herein, meine Geister legen sich, die Feder sinkt mir aus der Hand — nehmen Sie vorlieb, und glauben nur ja nicht alles, was ich Ihnen gesagt habe —

Dritte

Dritte Stimme.

Eine der hauptſächlichſten paradoxen Fragen, die ich Ihnen, meine Herren! in meiner letzten Abhandlung vorlegte, war die: iſt ein allgemeines Moralſyſtem möglich? In der heutigen tret ich mit einer eben ſo paradox ſcheinenden Antwort auf: Es iſt nicht allein möglich, ſondern es iſt auch da. Seit Anfang der Welt iſts da geweſen, in allen Welttheilen, unter allen Völkerſchaften. Laſſen Sie uns dieſen Satz erſt als Philoſophen, dann als Theologen ohne alle vorgefaßte Meynungen unterſuchen.

Als Philoſophen — denn das wollen doch alle aufgeklärte Menſchen ſeyn, und ſinds auch in gewiſſem Grade. Viele aber ſind es, ohne es ſeyn zu wollen, und ohne zu wiſſen daß ſie es ſind, und zu dieſen habe ich mehr Zutrauen als zu den erſtern, und auch zu den erſten in denen Sachen mehr Zutrauen, wo ſie philoſophiren, ohne ſich deſſen bewußt zu werden, als in andern, worinn ſie wunder wer weiß wie hoch vorgedrungen zu ſeyn glauben, und doch oft nur am Boden ſchweben.

Woher kommen die überall angenommenen stummberedten Lehren des Natur= und Völkerrechts? woher die daraus erzeugten überall eingeführten Empfindungen? woher die Sehnsucht nach einem Wesen, das höher als wir vor! denn wir kennen von ihm höhere Glückseligkeit, als wir wirklich besitzen, hoffen können? Die Götterey, sey sie nun Abgötterey oder wahre für uns, ist das hier gleichgültig? Woher die Namen Vater, Mutter, wenn sie nicht von einer gewissen Empfindung der Pietät, der Erkenntlichkeit für Daseyn und Erziehung uns wären unvergeßlich gemacht worden? Das hindert mir hier nichts, daß diese Pietät in wer weiß was ausartet; ich habe mit dem Walde hier nichts zu thun, sondern mit dem Keimen dazu. Woher bey den mehr policirten Völkern auch nur die erste Idee von einem ehelichen Leben, wo sich zwey oder mehr Individuen in eine Gesellschaft zusammenthaten, um den von ihnen erzeugten Menschen eine bequemlichere Entwickelung zu verschaffen, als sie wie rohe Kinder der Natur in den wilden Wäldern erfahren hatten; woher dies, wenn der Keim dazu nicht in der menschlichen Natur gelegen, Liebe zu seiner Gattung, Liebe zu seinen Jungen, die ja auch die Thiere schon fühlen,

ten; aber bloß als eisernen Instinkt, ohne daß
sie ihre Vernunft, ihr Raisonnement in Bewegung setzt. Woher nachmals die Grenzen,
die diese bloß sich selbst gelassenen Nationen
um ihre eheliche, häusliche, bürgerliche Gesellschaften absteckten, woher bey den alten
heidnischen Deutschen das Verbrennen der Ehebrecher, oder Infraktoren dieser Gränzen, bey
allen Völkern die strafende Gerechtigkeit gewisser dazu bestellter Personen, die über die Bey-
behaltung und Sicherheit dieser verabredeten
Gränzen wachen? Ja, werden Sie sagen,
das allgemeine Beste, die allgemeine Glückseligkeit — daher ich frage, wer lehrte die Leute
auf die allgemeine Glückseligkeit auf die und
die so und so eingerichtete, ihr untergeordnete
Privatglückseligkeit der Individuen festsetzen?
nun lassen Sie uns doch aus Kuriosität einen
Blick in die Staats und Kirchenverfassung einiger uns am bekanntesten heidnischen Nationen thun, nemlich, so viel sie in unsern Kram
dienen, lassen Sie uns hier bey den Wurzeln
stehn bleiben, den Sand ein wenig auf die
Seite räumen, und eine moralisch-botanische
Untersuchung derselben anstellen, unbekümmert,
was der über uns rauschende schattende Gipfel
des Baums dazu sagt, der uns gern mit seinem

nem lärmenden Pomp vergessen machte, daß
er langsam und klein aus der Erde aufgewachsen.
Wir finden bey allen den Dienst gewisser Nu-
minum an Macht und Verstand über sie erhaben, bey allen ein gewisses Supremum Nu-
men, dessen Name hoch, hehr und heilig gehalten, und nur in wichtigen, und seiner Bey-
hülfe würdigen Ereignissen, dignis vindice
nodis angerufen ward. Wir finden bey allen
richterliche Gewalt der Aeltern über die Kinder,
Kheiten, Ehrfurcht der Kinder gegen die Aeltern,
Scheu und harte Strafen für Todtschlag und
körperliche Beleidigungen, Eigenthumsrecht der
Ehemänner auf die Gunst ihrer Frauen, Eigenthumsrecht auf die unter einem gerechten
Tittel uns verschafften zeitlichen Güter, alle,
und Bestrafung der Usurpateurs
kam ihnen das? ja, werden Sie sagen, die
allgemeine Glückseligkeit. Aber wie kamen die
Individuen darauf, daß grad ein Zustand wie
dieser, und kein anderer ihre allgemeine Glückseligkeit geben würde? daß sie so und nicht anders zusammen passen müßten; und daß die
Portion, die jeder aus dieser gemeinen Masse
von Glückseligkeit heraus heben würde, grade
für ihn die befriedigendste werden würde. Das

muß

muß doch wohl in der Einrichtung ihrer Natur gelegen haben.

In der That — warum wollen wir aus Liebe zum Sonderbaren, uns ein ander System erklügeln, als uns aus allen Zeiten und Orten, aus der ganzen Natur zuwinkt. Jeder Mensch bringt sein Maaß von Begierden und Kräften, seine Harmonie und Uebereinstimmung von Begierden und Kräften, sein Moralsystem mit sich auf die Welt, und nach Maasgabe des Gebrauchs, den er von denselben macht, erhöhet und verbessert sich dasselbe unaufhörlich. Wir werden alle gut geboren, und das bessere und schlimmere unserer Handlungen und unseres Zustandes hängt lediglich von uns selber ab.

Ich rede jetzt als Philosoph, das heißt, ich reiße Sie mit meinem System fort, schwimmen Sie eine Weile mit mir, hernach sollen Sie ihre Freyheit wieder haben. In der Einrichtung unserer Natur lagen die stamina zu allen unsern heutigen Gesetzen, woher würden wir sie sonst bekommen haben? Ja die Vernunft — ja nun die Vernunft hebt sich, keinen Zoll, keine Linie über den Kreis der allgemeinen Erfahrungen, das heißt der verglichenen besondern

Erfah-

Erfahrungen, zieht Schlüsse daraus, die dem ungeübtern Auge über diesen Erfahrungskreis herauszugehen scheinen, die aber eben so wenig wirklich drüber herausgehen können, als ein Stein höher fliegen kann, als ihn die angewandte Kraft oder Stoß bestimmt. Es mußte also die allgemeine Menschenerfahrung überein kommen seyn, daß Vater Vater, Weib Weib heißen müsse, daß ein Gott sey, und heilig gehalten, über alles gewöhnliche hinaus gesetzt werden müsse, daß ein Eigenthum an seinem Besitzer ankleben, und ohne allgemeine Gefahr ihm nicht entrissen werden könne, auch, daß überall Ordnung und Verhältniß stabilirt seyn müsse, um alles in richtiger gewisser Proportion gleich glücklich zu erhalten, und das Gefühl dieser Proportion heißt die Gerechtigkeit, die jedem Erdenbürger angebohren wird. Sie liegt in seiner Natur, sie entwickelt sich mit derselben, sie verschlimmert oder verbessert, erniedrigt oder gehoben, erhöht oder erniedrigt sich, wie der Stoff, mit dem sie sich mischt, sie begleitet ihn in allen Zonen, in allen Oertern, in allen Umständen, sie richtet sich auch alles an denen, stimmt alle Gegenstände nach ihm herum, oder vielmehr seine Empfindungen für alle die Gegenstände, um ihn herum, zu dem bestimmten Maaße, die ihm machen würden,

von Jeher alle wahre Philosophen so viel auf die Einfalt geschryen, gepredigt, losgestimmt, zurückgestimmt wollt' ich sagen, und noch neuerlich haben wir an einem der größesten unter ihnen, an dem hartnäckigen Genfer Diogen, der den Deutschen ein Aergerniß und den Franzosen eine Thorheit ist, ein ganz frisches Exempel.

Ob mit aller der Einfalt wir aber nun glücklich genug seyn, — dieses können wir alle in der Theorie geschwind zugeben — aber in Praxi giebt es kein Mensch zu, und da stehen wir wieder. —

Komm, komm uns zu Hülfe, göttliche Offenbarung, himmlisches Licht, dem Aufrichtigen eine neue trostvolle Erscheinung, die ihm Glanz über die ganze Erde wirft, und seinen Geburtsort, auf den er voll Ueberdruß, Langeweile, Indolenz und Trostlosigkeit wie ein Wurm auf seinem verwelkten Blatte umher kroch, ihn mit neuem unerwartetem Reiz stempelt; komm, himmlischer Frühling, gieb mir meine Flügel, zu denen ich den Ansatz in mir fühle, gieb dem Blatt, auf dem ich krieche, dem Baum, an dem das Blatt hängt, der Erde, der Luft um mich herum neue Säfte, neuen

Kolorit,

Kolorit, neuen Azur — zum Himmel mache mir sie, und mich zum fliegenden Engel darin. — Fragen Sie sich, m. H.! ob Sie diese Stimme nicht in sich hören, sobald Sie sich eine göttliche Offenbarung an freye vernünftige Geschöpfe denken? Was denn angefesselt, was denn vom Körper gehindert — ist der Körper nicht das einzige, wodurch alles Glück zu uns kommt? Und haben wir nicht Gewalt über diesen Körper? Können wir nicht so viel Glück und solcherley Glück zu uns lassen, als es uns gefällt? Die Schleußen aufziehn und fallen lassen wenns uns gefällt? Nein, nicht immer — sagen Sie das einem Kinde: Wer solls denn können, wenn wir nicht. Grad in der schlechten Meynung, die wir von uns haben, liegt die Ursach, daß wirs nicht können. Immer Herzhaftigkeit oder Einfalt, die uns verläßt, wo wir sie am nöthigsten haben. Aber der Apostel Paulus sagt auch so. Der Apostel Paulus sagt nicht so, sondern er klagt so; klagen ist sagen, klagen heißt unzufrieden mit sich selber seyn, und da will er wahrhaftig nicht, daß wir ihm in dem nachahmen sollen, sonst würd' er seinem eigenen ganzen Briefe an die Römer widersprechen. Eben finds ich auch bey näherer Ansicht der Stelle, daß er

dort bloß von seinem natürlichen fleischlichen Zustande redt, und denselben im folgenden 46sten im 2ten Vers seinem itzigen geistlichen Zustande kontrastirt.

Zur Hauptsache. Die Offenbarung konnte nichts weiter thun, als das in uns liegende Naturgesetz näher bestimmen, die Linien höher ausziehen, zu dem Hauptzwecke der in uns gelegten Wünsche und Verlangen nach größerem Umfange von Glückseligkeit. Die Grundsätze aber sind immer dieselben, können nicht verändert werden, oder Gott müßte seiner Schöpfung widersprechen. Es ist also die Offenbarung des göttlichen Willens oder des Gesetzes, denn das ist einerley, nichts als eine Fortsetzung der Schöpfung. Regeln, nach welchen Gott uns geschaffen, weiter ausgedehnt, nach welchen wir uns itzt selber fortschaffen und unsre Existenz erhöhen können. Abweichung von diesen Regeln, ist Abweichung von unsrer wahren Existenz, und das Final derselben die Aufhebung von unserer Existenz. Weh uns! das ist eine harte Rede, wer mag die hören.

Aber der Beweis, der Beweis liegt in der Sache selber. Selbst die Fähigkeit, den göttlichen Gebothen Recht zu geben, die Richtigkeit derselben einzusehen, ist der Beweis. Be-

weist,

weist, daß die Anfangsbuchstaben dazu in unserer Seele liegen, daß die Saiten schon in uns sind, und daß wir sie nur höher spannen dürfen, um uns bewußt zu werden, daß sie höher gespannt sind und mächtigere Töne angeben.

Ich frage Sie, ob Ihnen eine Welt nicht gefallen würde, wo jedermann die zehen Gebothe, (denn es sind nur drey Gebothe drinn,) vollkommen hielte. Vielleicht schütteln Sie noch die Köpfe — lassen Sie mich aber mit lebendigern Farben mahlen. Ich wähle hier die zehen Gebothe, weil dies die bekanntesten und allgemein angenommensten Gesetze Gottes sind, ich muß Ihnen aber aufrichtig gestehen, daß ich noch vorher, weit vorher, ja sogar vor der Sündfluth schon, und so durchgehends im alten Testamente, viele eben so wichtige Bestimmungen des Naturgesetzes von Gott angetroffen habe, die wir billig in unsern Katechismusbüchern auf eine bessere Art aufreihen sollten, als bisher geschehen ist. Fühlen Sie nicht, daß es recht ist, unsere Erzeuger zu ehren, daß es edel ist, ihnen auch in Dingen zu gehorchen, wobey wir etwas von unserm Vortheile aufopfern, daß es schön ist, für sie zu arbeiten, zu schwitzen, sie zu nähren, ihnen das aus freyem Willen mit dop-
pel-

peltem Maaß zurückzugeben, was sie halb aus Instinkt an uns verwandt? Also lag das Geboth in ihrer Natur, das vierte Gebot hat diese stumme Empfindung, die in ihrer Seele schlief, nur aufgenommen und weiter ausgeführt, die Saite, die da war gespannt oder vielmehr, das vierte Gebot hat nur angefangen sie zu spannen, Exempel, eigene Erfahrungen, Geschichte, die biblische zuerst, und nach ihr die profane, die aber vor Gott eben so wenig gemein ist, als die unreinen Thiere in dem Zipfeltuch Petri, draus gezogene Schlüsse, Nachahmungen und also neue Erfahrungen, und wieder draus neu abgezogene Schlüsse haben weiter gespannt oder wieder nachgelassen, bis endlich der Thon herauskam; der itzt in ihrer Seele klingt. Wem aber haben Sie nun diesen Ton zu danken, als demselben, der zuerst die Saite gab und hernach zuerst zu stimmen anfieng?

Ich verliere mich zu sehr im Detail, und aus Liebe zur Deutlichkeit werd ich undeutlich. Haben Sie Geduld mit mir, von neuem laßt uns emporsteigen.

Ob Gott uns die Offenbarung gegeben, um eins von unsern Naturgesetzen aufzuheben — Nein. Kann denn die Linie außer ihrem An=

fangs=

fangspunkte anfangen — oder ihrem Anfangs=
punkte widersprechen? Untersuchen Sie also die
Offenbarung, in wie weit sie mit ihren Grund=
trieben übereinstimmt — — und Sie werden
sie nicht allein mit derselben vollkommen über=
einstimmend finden, sondern auch als das ein=
zige Mittel anbeten und verehren, alle ihre
Grundtriebe, keinen einzigen ausgenommen,
vollkommen zu befriedigen, denn dazu ward sie
uns gegeben. Sie ist die höchste Position —
also Leben, Weg, Wahrheit und Leben, und von
wem könnten wir dies auch anders erwarten,
als von Gott selbst.

Recht aber muß sie freylich verstanden wer=
den — und nun frägt sichs: liegt diese göttliche
Vorschrift unserer Erbauung, Erweiterung und
Erhöhung zu ewigem Genuß und Leben in den
Buchstaben der durch Mosen publicirten Ge=
setze, in den Buchstaben der an Patriarchen und
Propheten indirekt ergangenen göttlichen Be=
fehle, in den Buchstaben der Reden Christi
selbst, die unter gewissen Umständen, zu gewis=
sen Zeiten an gewisse so und so charakterisirte
Personen gehalten würden, oder in dem Sinne,
in dem Geiste dieser gesammten Reden, vergli=
chen mit ihrer Ursache und Wirkung, vergli=
chen

hen mit der Gemüthslage und ganzem Wandel
und Verhalten der Redenden selbst?

So kommen wir denn mit einem Fluge wieder ins neue Testament, in unser Testament, zu
den Reden unsers Gottes, der uns auf eine
andere Weise erscheinen mußte, als er den Alten erschien, der andere Stimmungen der Em-
pfindungs- und Vorstellungskräfte bey uns an-
traf. Andere Fähigkeiten, andere Leute! Leute
mit hundert tausend Neigungen, ungewiß, zit-
ternd, unbestimmt, auf welche Blume der Wonne und Vergnügen zuerst zu fallen und sich
daran den Tod zu saugen. Merra, merra! esset
von allerley Bäumen im Garten, aber vom
Baume des Erkenntnisses Gutes und Böses sollt
ihr nicht essen, nicht von den alten uralten Regeln abgehen, die ewig wie die Welt sind, aber
wohl herauf! empor! da ihr höhern Genuß
habt, höhere Freuden, auch höher die Kräfte
gespannt! Und wie natürlich ist das? Brauch
ich denn nicht höhere Kräftenspannung, um höher zu genießen? höhere Stimmung, um höhern Ton anzugeben? Wenn ihr kein Weib ansehen könnt, ohn ihr zu begehren, Theekessel!
reißt euer Auge aus, es ist besser, ihr geht
einäugig zum Himmelreich ein, als mit zwey
Augen in den Tod. Wenn ihr keinen Schlag

ver-

163

verschmerzen könne, ohne für Begierde zu bersten, ihn wieder zu geben, so berstet, ihr mögt ihn wiedergeben oder nicht. Eins ziehr euch neue Schläge zu, und das andere zerreißt eure Gallenblase und strömt giftige Krankheit über euer Leben aus. Könnt ihr in einer Welt denn nicht leben, wo es Stöße giebt? wo es aber auch Arien von Galuppi und Pergolese giebt? — Und wie glänzend wird mir die Bergpredigt! Ha hier ist gut seyn, hier auf diesem heiligen Berge, hier am untersten Saum des Berges, wo Staub von den Schuhsolen meines Jesu herabrollt. Wallt über mir Heilige, wallt hoch über mir Apostel, ich will in euerm lichten Schatten stehen und glücklich seyn! Ja glücklich seyn in einer Welt, die Gott zu betreten werth hielt, glücklich unter Geschöpfen, zu denen Gott hinab zu rufen würdigte, selig! selig? achtmal hintereinander. Noch sind viel solcher Seligen da, verborgen, versteckt, dem großen Haufen unbekannt. Kommt, meine Brüder, daß ich euch umarme, daß ich mich an der himmlischen Ruh in euern Gesichtern lehne und ganz die Wonne fühle, da zu seyn.

Lassen Sie uns aber ins Detail der Bergpredigt Christi zurück gehen. Ich habe neulich gesagt: ich zweifle, daß Christus dazu er-

L 2 schie-

schienen, uns ein neues allgemeines Moralsystem zu geben. Denn wozu ein neues? ist doch das alte da, liegt es doch in unserer Natur. Daß er aber das aus der Bibel und Tradition zusammen geknetete und dann zierlich und künstlich herausgedrehte neue Moralsystem der Pharisäer und Schriftausleger habe zu Schanden und zu Nichts machen und auf das uralte System der Natur reduciren wollen, das glaubte ich, und das glaube ich noch. Und zugleich unsere natürlichen Triebe und die Gesetze ihrer Wirksamkeit näher bestimmen, das nicht ausgeschlossen, oder vielmehr bey den jetzt veränderten Umständen, Verwirrungen und Verwickelungen unserer Begierden uns die leichteste Art zeigen, dennoch der alten Regel, dem alten Gesetze Gottes, der alten ächten Natur treu zu bleiben, dennoch bey all den tausend Verfeinerungen unserer Wünsche, unserer Phantasey, unsers Gefühls von Ehre, unserer Zärtlichkeit gegen die Reize des Schönen, kurz, alles unsers Genußes von Glückseligkeit, weder Hurer, noch Ehebrecher, noch Todschläger, noch Diebe et cetera zu werden, so schwindlicht auch die Höhen, so eng auch die Treppen, so schlüpferig und mit Seife bestrichen auch die Stiegen dieser Treppen sind. Verdient das nicht Dank?

Und

. . Und nun laſſen Sie uns ſehen, wie er das machte. Die Hauptſache war, daß er die Menge vom Sichtbaren aufs Unſichtbare wies. Was ihr Glück nennt, iſt nicht Glück, und was ihr Unglück nennt, nicht Unglück allein. Μετανοειτε, ſetzt euch drüber hinaus und glaubt an Gott, daß er euch Glück geben wird, das Himmelreich, euer glückſeliger Zuſtand als Geiſter, als ſelbſtſtändige von den äußern Umſtänden nicht abhangende Geiſter, iſt nahe herbey kommen, wartet auf euch. Schon ſelig die, die ſich wenig zutrauen, wenig Geiſt, wenig Kräfte, denn zu der Armuth des Geiſtes gehört viel Geiſt, viel Kraft, ſchon ſelig die, die Leid tragen, denn der in den Abwechſelungen der Welt ihnen gewiß ſchon zubereitete Troſt wird ihnen deſto herrlicher ſchmecken, ſchon ſelig — doch hier fehlt mir der Raum zu kommentiren und paraphraſiren. Jeder von Ihnen wird das ſelbſt auf die beſte und ſeinem Individuo ſchmackhafteſte Art thun können, wenn er ſich nur die Mühe dazu geben will, und grad die Mühe die Anſtrengung unſerer Kraft iſt, was uns die Religion oder die Kunſt, glücklich zu ſeyn, verſtehen lehrt. Grad die Mühe auf alles angewandt, was wir vor uns finden, ſey es geiſtlich oder weltlich, irdiſch oder himmliſch, denn vor Gott ist nichts gemein, ist Religion, ist Natur, ist beydes zusammen, ist Glükseeligkeit.

Aber das Ideal, das euch die Pharisäer in ihrem Beyspiele und Lehre vorhalten, ist der Endpunkt eures Strebens nicht. Hier geht Christus ins Detail. Sie werden mir einwenden, daß unter dem: Ihr habt gehört, daß zu den Alten gesagt ist, — sich wahre Gebote Gottes selber befinden. Ich verweise Sie auf Michaelis und andere, die von der Sache umständlich sprechen, zeigen, daß Christus sich immer am nächsten bey den Traditionen und Zusätzen oder Verschönerungen des alten Gesetzes aufhalte ꝛc. ich gehe fort.

Ich frage: Ist das Ideal, das Christus dem falschen Ideal der Pharisäer substituirt, so hoch, wahr, ewig, himmlisch und göttlich es ist, das höchste, das gedacht werden kann, für alle Zeiten, Umstände und Individuen das höchste? Und hat es das seyn sollen? Ich nehme die Züge aus, wo Christus allgemein wird. Sey, zum Beyspiel, seyd vollkommen wie euer Vater im Himmel, das heißt, ahmt nach Maaßgab eurs Individuums mit höchster Anstrengung ihm in seiner großen Weltökonomie nach —

aber

aber dort, wo Christus in specielle Umstände und Situationen geht — Auf diese Frage habe ich noch keine Antwort.

Ist aber ein Ideal für alle Umstände möglich? — Ist eines für gewisse Umstände, aber zugleich für alle Individua, die in diese Umstände gesetzt werden können, möglich? —

Aber der Geist dieses Ideals — ja das ist was anders.

Bey der erstaunenden Steigerung unserer Begierden, Fertigkeit unserer Phantasey, sich Bilder zu erschaffen und auszuschmücken, Fertigkeit all unserer Konkupiscenz, sich für diese Hirngespinnste zu interessiren, sie mit Armen des Geists stärker zu fassen, als zwey verzweifelte Gladiateurs auf den Kampfplätzen zu Rom. — könnte man das Gebot: Du sollt nicht ehebrechen, sollte man es, müßte man es für unsere Zeiten nicht näher bestimmen, als: wer dies, das Weib ansicht, ihr zu begehren — wer dies, das Phantom, wär es auch ein Weib, das nie existirt, in seinem Gehirne erschaft und seiner begehrt z. E. ——— Hat also Christus hiemit das Ansehen des

Weibes zu Ehebruch verdammen wollen? Mit nichten, erforscht doch den Geist seines Ideals: wenn er das hätte wollen, so hätte er weit mehr sagen können und sagen sollen — aber ihr zu begehren — das war die Sünde, und gräust die Umstände wie ihr wollt, ihr werdt keine Sünde herausbringen, wo keine Begier nach unerlaubtem Genuße da ist; eben so wenig, als ihr dieser Begier mit Schiffsladungen von Schminke das Ansehn der Tugend zu geben vermögt. Mich deucht, Augustinus hätte hier etwas für seine Meynung finden können, da er die Christinnen, die bey der Uebergabe Roms an die Gothen, sich in die Tyber stürzten, um den viehischen Gewaltthätigkeiten der Soldaten zu entgehen, so sehr unter die heruntergesetzt, welche sich mit christlicher Gelassenheit nothzüchtigen lassen: welcher Meynung, so scheinbare Gründe er ihr auch zu geben weiß, ich aus andern Gründen doch gar nicht beypflichte, vielmehr die für größere und ächtere Christinnen halte, die den Tod der Schande vorzogen, und das eben aus obigem Grunde, — die, in dem Augenblicke der Versuchung ihrer Begier nicht trauten, und kein Wunder von Gott erwarteten, wie den, den Augustinus ihnen hinterher so treuherzig zuräth.

ath). Vielleicht liegt der Unterscheid unsers Urtheils in der zu geringen Meynung, die er vom menschlichen Körper und in der zu hohen, die er von dem Werthe dieses Lebens hatte. Besonders deucht es mich, daß er da, wo er sagt, wenn sie nach geschehener Mißhandlung nicht Ursache gehabt, sich umzubringen, so hätten sie es noch weniger vor derselben gehabt, weil bey aller eindringenden Gefahr doch noch das Gegentheil möglich gewesen, aus diesem Grunde für ganz unumstößlich hält, daß er das sage: ich, nicht hell genug vor Augen gehabt, (was Johannes in der ersten Epistel im fünften sagt: Es ist eine Sünde zum Tode: dafür sage ich nicht daß jemand bitte. Alle Untugend ist Sünde, und es ist etliche Sünde nicht zum Tode, verglichen mit dem 9ten Verse des dritten Kapitels: wer aus Gott geboren ist, der thut nicht Sünde; denn sein Saame bleibet bey ihm) nicht hell genug durchgeschaut, daß Ueberlassung ihres rein erhaltenen Lebens, dem Gott, der in den Tyberfluthen so gut gegenwärtig, als in der Atmosphäre der Luft, die sie in sich athmeten — besser war, als Ueberlassung dieses Lebens der Gefahr zu sündigen, der Gefahr auf ewig geschwächt und getödtet zu werden —

L 5 Wei-

Weiter, ums Himmelswillen! auf was für Materien laß ich mich ein! Sie müssen diesmal mich nehmen wie Sie mich finden, ich! ich suche niemand zu gefallen, wo es drauf ankommt, der Wahrheit bis in die tiefsten Felsenritzen nachzuspüren, wol Leibe durchfällt. Vielleicht liegt dort mehr Gold als Sie glauben, [...]

Ist unter unsern heutigen Umständen die Regel noch für buchstäblich unveränderlich zu halten: so jemand dir einen Streich giebt auf den rechten Backen, so biete ihm den andern auch dar? [...]

Bey dieser Gelegenheit muß ich die philosophische Untersuchung des Worts ἀντιστῆναι τῷ πονηρῷ nachholen (so gut ich Philolog seyn kann) das Luther so übersetzt: ich sage euch, daß ihr nicht widerstreben sollt dem Uebel. Mich deucht, er hätt hier den Sinn ganz unrecht gefaßt, ἀντιστῆναι heißt entgegen stellen, und mich deucht, es leidet hier der Text nicht die geringste Gewalt, wenn man hier eine grammatische Figur, die ich nicht mehr mit Namen zu nennen weiß, annimmt, die aber, so viel ich mich erinnere, bey den

Mor-

171

Morgenländern sehr üblich war, statt eines Worts in einer Enunciation doppelt gesetzt, dasselbe Kürze halber nur einfach zu setzen, statt αντι-θηναι πονηρον τω πονηρω, αντιθηναι τω πονηρω allein, und hieſſe es alsdann nicht, wie alle Herren Ueberſetzer hinſchlendern: non obſiſtere malo, ſondern dem Uebel kein Uebel entgegen zu ſtellen, das Uebel nicht zu erwiedern, und macht dies, mit Erlaubniß dieſer Herren, einen gewaltigen Unterſchied in dem ganzen Sinne dieſes Spruchs. Denn hätte unſer Herr Chriſtus grad zu verbieten wollen, dem Uebel nicht zu widerſtreben, gütiger Gott, was würde aus allen braven Leuten werden, die ſchon durch ihre herzhafte edelmüthige Widerſtrebung ſo manches Uebel von der Welt abgewendet haben? Anfangs hab ich das τω πονηρω erklärt dem Uebelthäter, aber ich fand dabei auch nicht Troſt bey, denn man ſoll mit Hülfe meines Gottes jedem Uebelthäter feſt widerſtehen, im Glauben bis in den Tod, und halte das für die Pflicht jedes rechtſchaffenen Biedermanns.

Nun wer nun näher zur Sache. Was wird denn nun aus der Erklärung werden, die Chriſtus dieſer Theſi hinzuſetzt, ſo dir jemand

Ohr

Ohrfeigen giebt, so halt ihm den andern Backen auch dar. Diese Erklärung ist gut, hehr und heilig, m. H., so übel sie uns auch beym ersten Anblicke vorkommen mag.

Ey, erforscht doch den Sinn dieser Regel. Ein Volk strömte um den Berg hin, das von nichts als Gewaltthätigkeiten, Aufruhr und Unruhe wußte, leßt den Josephus ihr werdets finden, was zur Zeit Christi für Leute waren *). Ein Volk, wo Schlag auf Schlag galt, und das sich dazu von Gott authorisirt hielt, denn Gott hatte ihnen das Geboth gegeben: Aug um Aug, Zahn um Zahn; aber aus ganz anderm Gesichtspunkte, unter ganz andern Umständen, damals sprach Gott als Theokrat und Richter, hier als Mensch und Parthey. Indessen hatten die Pharisäer diese Satzung begierig in ihr moralisch Ideal aufgenommen; "schlägt dir einer den Zahn aus, sieh du, wie du ihn wieder um seinen Zahn bringst, sey es mit Gutem oder mit Bösem,

---

*) Es ist aus dem Arbieur bekannt, daß die Araber und alle morgenländischen Völker sehr rachgierig sind. S. Michaelis Mosaisch Recht.

je nachdem du feige Memme oder handfester Kerl dazu bist„": und der Pöbel glaubte, sprach und handelte den heiligen Leuten ganz sicher und ohne einige Gewissensregung, ja gar mit Beyfall ihres Gewissens nach. Was konnte Christus besser thun, um diesen Götzen umzustürzen und ein heiligeres, frömmeres, natürlicheres Ideal an dessen Stelle zu setzen, als ihnen eine Großmuth mit dem hellesten Kolorit schildern, zu der weit mehr Herzhaftigkeit, weit mehr Stärke des Geistes gehört, als zum Wiederschlagen? Und was kann er auch für uns besser thun? Nur der sich stärker als der andere fühlt, kann mit kaltem Blute ihm den andern Backen auch darreichen. Jede Beleidigung vergessen und einstecken, in so fern sie nur Beleidigung ist, und keine weitere Folgen hat. Aber mit eisernem Arme dazwischen schlagen wie Götz, wenns noth thut und der Adler mehr zu fangen hat als Mücken. O wie ist der Weg so eben, so grad, so kurz durch die Welt und wie kläglich muß der Händelmacher daher stolpern, der bey jedem Stein des Anstoßes seine große Macht beweisen will. Er wird in drey hundert fünf und sechzig Tagen keine Stunde machen, und wie oft auf der Nase liegen, wie oft ausgelacht und nachgezischt werden, wie Don Quischotte; wär es auch nur von einem Alltags Sancho Pansa, der eben Vernunft genug hat, Schaafheerden und Windmühlen aus dem Wege zu gehen. Auf der andern Seite aber hat Christus hier die Freyheit eben so wenig authorisiren wollen, denn wer stark genug ist, den andern Backen auch hinzuhalten, von dem wird vorausgesetzt, daß er sich der Gefahr, einen Backenstreich zu erhalten, ausgesetzt, kühnlich entgegengestellt habe, durch eine dergleichen Gefahr sich von nichts in der Welt habe abschrecken oder abhalten lassen, was recht, gut und brav war, denn zehnmal lieber sähe ichs, einer erwiederte in der ersten raschen Jugendhitze, Wunden und Beulen (NB. besonders bey unsern veränderten, galanten, politten und schläfrigen Zeiten) als daß ers Unrecht billigte und seinen Herrn Christum in irgend einem seiner Glieder zu der Zeit verleugnete, wenn er gefangen und gebunden vor der rasenden Gewalt der Tyranney stünde.

So läßt sich die ganze Bergpredigt analysiren und verstehen, und je länger man sie liest und sich mit ihrem Geiste bekannt macht, und quod bene notandum den Anfang macht,
sie

sie auszuüben, desto herrlicher lernt man sie verstehen, desto mehr Trost findet man darin, desto felsenfester wird das Haus, das man auf diesen Grund baut, und trotzt allen möglichen und nicht möglichen Stürmen des Schicksals von Ewigkeit zu Ewigkeit.

Noch ein paar Worte zum Beschluß, m. H.! vom Glauben, und zwar nicht vom historischen, noch vom theologischen, noch vom ich weiß nicht was: sondern vom christlichen einfältigen Glauben, der uns in der Bibel überall so sehr angerühmt wird, sowohl im alten als neuen Testamente. Ich lasse mich in keine Distinktionen ein, obschon ich ihnen ihren ganzen Werth gern zugestehe; ich möchte nur hier gern wissen, was der Glaube sey, der eigentlich das Glück unsers ganzen Lebens ausmachen soll, der uns in Unglück und Gefahr als Führerin und Trösterin zur Seite schweben, der uns im Unglücke nicht weich werden noch erschlaffen lassen, sondern immer zu neuem, höhern, edlern, seligern Genuß gespannt erhalten soll — kurz, der Glaube, der den wahren honnet homme macht, denn viel mehr oder viel weniger will die christliche Religion nicht aus uns machen, aber es ist

dem

dem armen Worte, wie vielen freundschen, ʒugegangen ist, so lang und so oft in so vielen Mäulern herumgewälzt worden, daß man das wahre Gepräge kaum mehr erkennen kann.

Unsere Phantasey ist ein sehr gutes Ding, ich möcht' sie das paar Flügel oder Flossfedern unsrer Seele nennen, mit welchen sie schwimmt oder fliegt, und ohne dieselbe nicht aus dem Flecke kommt. Aber die hauptsächlichsten Dienste thut sie uns doch immer, nur wenn wir ruhig und zufrieden, des Glückes satt sind, denn da weiß sie uns neue Majestät zu geben, neue Aussichten zu eröfnen etcetera. Im Unglücke thut sie freylich auch was sie kann, und oft mit doppelter Hitze und Anstrengung, sie sucht uns eben aber über unsern ganzen unglücklichen Zustand zu werfen sie bestirnt und bemalt ihn aufs beste, sie zeigt uns Aussichten, wo kein Sterblicher sie sehen möchte, sie macht uns aus Pfannen Kähne und wiegt, wie Shakespear sagt, als einen verzweiflungsvollen Schiffer auf jedem Seethau mitten unter heulenden Wellen in Schlaf. Aber mit alledem — was kan sie uns eh'rers geben als Hoffnungen —

m. H.! sind noch nichts wesentliches,

kein gegenwärtiges Unglück auf, flicken das Schiff nicht zusammen, wenns gescheitert ist, bringen uns keinen Schritt, keinen Zoll, keinen Nagel breit weiter, wenn wir auf einer Sandbank sitzen, oder zwischen zwey Eisschollen eingeklemmt sind. Wir müssen dran, wir müssen arbeiten, wir müssen losrammeln, Hoffen läßt den Leidenden leidend. Glauben setzt ihn in Bewegung, Hoffen ohne Glauben ist nur ein momentaner Aufschub des Leidens, durch welchen dasselbe neue Kräfte zu sammlen scheint, um mit verdoppelter Wuth auf uns einzudringen.

Aber Glaube ist ganz ein ander Ding, Glaube beschwingt, befacht, entzündt unsere Kräfte alle, wir fangen wie Encelados an, den Vesuv über uns zu schütteln, unterstützen nisus mit neuem nisus, eine Faust mit der andern, Sehne mit Sehne, Seele mit Seele, rammeln uns zum Marmorpfeiler unter der niederdrückenden Last ein, und versetzen am Ende glücklich den Berg — Dank sey es der Gottheit, die dem Glauben, dem anhaltenden Glauben allein mit ihren himmlischen Stärkungen nicht entsteht. Es ist also der Glaube eine gewisse Zuversicht

M des

des, das man hoffet — also mehr als das blos leidentliche faule hoffen — und nicht zweifelt an dem, das man nicht siehet — also aus diesem Gesichtspunkt denkt, thut und handelt — das wird denn der Glaube, der in der Liebe thätig ist. Ein thätiger Glaube ist aber ein ganz ander Ding als alle Seher, Philosophen, Theologen, Weise, Heiligen, und ich weiß nicht wer, vielleicht dafür halten; es ist nicht meynen, es ist nicht hoffen, wünschen, begehren; es ist nicht reden, träumen, dichten, predigen, Schriften heraus geben, sie mögen Meynungen oder Stimmen heißen — es ist thun.

Und es ist gar nicht übernatürlich, es ist ganz, ganz natürlich, tout a fait, pure, pure Natur, daß der Glaube uns ganz allein glücklich in der Welt machen kann, und daß derselbe Glaube, (denn es ist wahrhaftig immer derselbe), uns auch nach dem Tode glücklich machen kann: das giebt denn hernach die Virtuosen, die es in dieser jener Individualität weit gebracht haben, und ihre Ernte so unbekümmert genießen können; mag die Welt sie nun mit Dreck oder Blumen bewerfen, sie auf

und

uns nieder zerren, die Länge und die Breite, sie — ich weiß nicht was? der Gerechte wird und muß seines Glaubens leben. Merken Sie wohl, seines — denn nach Maaßgabe seiner Individualität hat jeder seinen individuellen Glauben. Der christliche allgemeine Glaube ist nur der, der den Regeln seines alten Gottes getreu, tête baissée in alle Gefahr und Nichtgefahr giebt, unbekümmert was da herauskommen, was da nicht herauskommen mag, immer besser, immer edler zu denken und zu handeln sucht, das heißt, seiner Natur treu bleibt. Denn die Natur ist es nicht, die uns auf krumme Wege führt, die Supernatur ist es, die schöne Natur, die das Ding besser verstehn will, als Gott und alle seine Propheten, die Kunst. Der Mensch ist nicht zur Kunst gemacht, (wie das Wort heut zu Tage mißbraucht wird), das heißt, viele Menschen sind nicht gemacht unter eine Kunst zu passen, oder es sind Flickhölzer, die allenthalben hinpassen, jeder Mensch hat seine Kunst in sich. Seine Kunst zu leben, seine Kunst andern Menschen nützlich zu werden, denn den Trieb fühlen wir doch alle in uns, und je unschuldiger wir ihm Tapfe vor Tapfe nachgehen, desto sicherer leitet er uns zum Ziel. Und sind wir noch ungewiß, zweifelhaft in unserer Bestimmung, so liegt es blos darinn, daß wir oder unsere Erzieher und Freunde diesen Trieb in seiner Entwickelung aufgehalten haben: auch wird unsere Bestimmung niemalen ganz dieselbe bleiben, sondern in Ewigkeit immer durch die Umstände modifizirt werden, welchen wir uns denn freylich stoisch überlassen müssen, wenn sie nicht zu ändern sind, und welchen wir auch ewig weder ge= noch verbieten können nach unserm Gefallen ganz allein, sondern sie einem andern überlassen müssen, der uns oft dadurch nur unsere ganze Dependenz von ihm zu fühlen geben will.

Und wenn wir die fühlen und ihm trauen, und das können wir, wenn wir auf seiner Bahn gehen, die den Helden so gut gehen kann als der Christ, wenn er Motive genug hat seiner Natur getreu zu bleiben: so brauchen wir die Stadt oder das Ziel wahrhaftig nicht immer zu sehen, um versichert zu seyn, daß wir dort ankommen werden. Ohne Allegorie zu reden, wir brauchen wahrhaftig keinen Anschein von Glück um uns zu haben, um versichert

sichert zu seyn, daß uns Rechenschaft und Güte doch ganz gewiß glücklich machen wird und muß. Der Glaube versichert es uns, und der Glaube läßt sich allenfalls mathematisch demonstriren, wenn wir tiefe Mathematiker genug dazu wären. Eben hier bewundern Sie die Weisheit des Allmächtigen, die für alle ihre Geschöpfe in ihrer natürlichen Einrichtung so vortrefflich gesorgt hat. Eben das uns angeschaffene Moralgesetz, die in allen Menschen liegende stamina und Anfangsbuchstaben der δικαιοσυνη legitimiren unsern Glauben aufs herrlichste, und machen ihn zur einzigen wahren Vernunft. Denn jede gute Handlung wirkt auf das Universum aller Menschenhandlungen auf dem Erdboden in unendlicher Progression, und reverberirt endlich auf uns zurück, wenn wir nicht hie, so doch da, ganz gewiß, das ist das Gesetz der Natur, eben so wahr als das metaphysische und physische, daß alle Bewegung unendlich ist. So auch jede böse Handlung — ja ein höherer Verstand als der meinige berechtigt mich, zu sagen, jeder böse Gedanke — kommt wieder auf uns zurück, und auf uns ganz allein — und so ernten wir schon hier den Lohn von unsern Werken!" Aber der Säemann muß mit dem Korn in der Hand nicht stehn bleiben, und philosophiren bis Frühjahr und Sommer vorüber sind, denn in der Hand wird ihm nichts aufwachsen." Zu jeder gemeinsten Menschenhandlung gehört schon eine Portion Glauben, geschweige denn zu solchen, die uns Aussichten in lange Zeiten, Aussichten über alle Zeiten hinaus verschaffen sollen."

Das läßt sich nun alles gut sagen, aber in der Ausübung möchten sich Schwürigkeiten finden. Ja wohl, meine Herren, darinn bin ich völlig eins mit Ihnen; aber es muß im Vorbeygehen doch auch gesagt — auch auf gegenwärtige Fälle und Zeiten angewandt werden. Denn das ist eben der größe Fehler in unserer gelehrten, besonders der schwarzen Welt, daß man mit allen Spekulationen, Erläuterungen, Zergliederungen und Schlüssen immer so hoch, hoch hinaus will, und drüber die Anwendung auf den gegenwärtigen Fall vergißt. Es ist immer die liebe Phantasey, die uns hebt, wir sind immer hie, da, dort, trinken froh erhitzt schon andrer Sonnen Glut, und bedenken nicht, daß arme federlose

Keu-

Keuchelu ſind, denen die Flügel erſt wachſen müſſen, die oft nicht gehen können, die oft nur pipen können. Liebe, liebe Führer, liebe Theoriſten, liebe Spekuliſten und Phantaſten, Freſſen her, Futter her, ich bitt' euch um Gottes willen, pfropft mir doch meinen armen Kropf erſt mit einem Hirſekörnchen voll, damit mir die Füſſe wachſen, und ich auf den Grasſpitzen tupfen kann, zum Fliegen werd ich zu ſeiner Zeit, meyn' ich, auch ſchon kommen.

„Statt des Hirſekorns möchte ich Ihnen, meine Herren! gern ein Senfförnchen Glauben einpfropfen, und denn, meyn' ich, wollen wir am Ende Berge verſetzen! Iſt einer unter Ihnen, der ſeine ganze Beſtimmung noch nicht fühlt — oder noch nicht zu fühlen Kourage genug hat, der beſtimme ſich für die Gegenwärtigkeit, für den heutigen Tag, auf das beſt' er immer kann. Die Ausſicht in die Zukunft bleibt ihm unverwehrt, ſie iſt aber ſo vaſt, ſo immenſ, ſo dem allesumwölkenden Himmelsbogen ähnlich, daß dahin zu verweiſen immer ein ſehr troſtloſer Rath ſeyn würde. Jeder hat ſeine Situation — ſeine Situation iſt

ist ihm, sey ihm Himmel und Erde — nur glaub er nicht, daß er dies Schneckenhäusgen eine Ewigkeit lang bewohnen werde, sondern lege sich ein, zwey Häutgen an, draus hervorzugehen, wenns dem allgewaltigen Schicksal beliebt. Dieses Schneckenhäusgen kann sich eben so gut in einen Thron verwandeln, als der Thron in ein Schneckenhäusgen, wenn es das Schicksal so will. Jeder lege tausend Haken, tausend Widerhaken an, um diese molem immensam in Bewegung zu setzen, oder fortzuschieben, jedesmal nach Maaßgabe des Nisus wird der Erfolg seyn, und er läßt sich gewiß und wahrhaftig fortschieben, das wird jeden auch seine eigene kleine Erfahrung schon gelehrt haben, und, m. H.! wir haben all insgesamt wahrhaftig noch nicht auserfahren. Das ist ein gefährlicher Irrthum, wenn man es bey seinen alten Erfahrungen bewenden läßt, das ist ein jämmerlicher tödtender Irrthum. Die alten Erfahrungen geben uns freylich eine Analogie, einen Kompaß in die Hand, nach dem sich fortschiffen läßt, aber, behüte Gott, der unendliche Tröster! daß wir bey irgend einer Erfahrung schon am Ende wären. Weh euch alsdenn, die ihr euer

ganzes

ganzes Leben angewandt habt, gut zu seyn wie ein Kind, und noch niemals von irgend einem Menschen würdiger seyd belohnt worden als ein Kind! Uebersehn wie ein Kind, oft vergessen wie ein Kind, oft gar ohne Ursach gestoßen und geschlagen wie ein Kind. Weh euch, wenn ihr die ganze Schnellkraft männlicher, riesenhafter Bedürfnisse in euch fühlt, die alle unbefriedigt in euch toben, und euer Glück, eure Belohnung sollte da schon aufhören, wo sie noch nicht angefangen haben. Wohl euch aber, wenn ihr starken Glauben genug habt, auch ohne Glück glücklich zu seyn, selbst die kindisch genossenen Augenblicke als selige Augenblicke dankbar zu erkennen, und sie euch in stockdüstern Begegnissen ins Gedächtnis zurück zu rufen, um euch zu neuem Nisus zu stärken. Schon wird die Zeit kommen; da der aufs höchste empor getriebene Berg in Millionen ungeheuren Schollen über eure Schultern herab rollt, und ihr nun da steht, und frey wie Herkulesse in der Göttin Atmen ausruht.

Noch eine Anmerkung liegt mir auf dem Herzen, und dann möcht ich wohl meine pseudotheologischen Abhandlungen schließen. Denn die eigentliche Theologie beschäftigt sich mit unserm Zustande nach dem Tode und unserer Bestimmung dahin, die weltliche Theologie oder der Naturalismus, den ich Ihnen predige, beschäftigt sich mit unserer Bestimmung in dieser Zeitlichkeit, und diese beyden Theologien müssen auf ein Haar zusammen passen, wenn sie ächt seyn wollen. Wir müssen den Himmel weder ganz allein auf unsere Erde einschränken, noch auch unsere Erde ganz und gar davon ausschließen wollen, mich deucht, daß allenthalben, wo ein Gott geschaffen hat, Himmel ist, und daß vor Gott dem Herrn dem Allerhöchsten nichts gemein ist. Daß wir uns so geschwind mit einem Orte familiarisiren und ihn zuletzt unsrer Majestät gar nicht mehr würdig finden, was kann Gott dafür? würdigt er doch allenthalben allgegenwärtig zu seyn.

Bald hätt ich bey dieser Digression meine Anmerkung vergessen, welcher zu Gefallen ich doch eigentlich aufs Pferd gestiegen bin. Das war die, daß es gewisse Situationen unsers Lebens giebt, wo alles für uns verloren zu seyn scheint, wo

wie

wir uns sogar nichts mehr dünken, wo wir unsere ganze Unbestimmtheit, das traurige Loos der Menschheit, ich möchte das ihre Erbsünde nennen, aufs höchste fühlen. Es giebt Gemüther, die in diesen Augenblicken in einer halben Verzweiflung, das erste beste Brett ergreifen, um zu einer gewissen Realität zu schwimmen, und grad diese Augenblicke sind die günstigsten fürs einladende Laster. Hier, hier ist Realität, ruft sie dem zerrütteten Schiffbrüchigen zu, und zieht ihn mit Syrenenarmen in Strudel, deren Mitte Untergang ist. Ich wünschte, o mein guter Genius! wenn ich ja einen habe, daß du in dergleichen Augenblicken mir schrecklich zur Seite ständest, und mich, wie Bileams Esel, zu tödten drohetest, wenn ich einen Schritt weiter machte. Und das wünsch ich allen meinen Freunden gleichfalls. Nichts als Mangel der Kourage ist diese Unbestimmtheit, Mangel des Glaubens, der einzigen Federkraft unserer Seele. Und was ist eine Seele, wenn sie schlaff wird? Gütiger Gott — soll ich Ihnen bey einer solchen Disposition, (und zu gewissen Zeiten findet diese sich häufig ein) soll ich Ihnen einen Rath geben, m. H.! so ist es der, daß Sie

sich

sich zu einer solchen Zeit unschuldige und zerstreuende Freuden nicht versagen, denn oft ist es nur ein Wink unsrer Natur, die durch zu viel Arbeit so sehr angestrengt war — daß sie aber diese Freuden mit einer solchen männlichen Entschlossenheit und Freyheit der Seele wählen, daß nichts in der Welt im Stande ist, Ihnen Gift in Ihren Wein zu gießen, Ihnen Laster kosten zu machen, wenn Sie den Lohn der Tugend umfassen wollen. Denn grausam und Tyrann wäre der, der Ihnen Tugend anpriese, und belohnenden Genuß verböthe, da Tugend eigentlich nur das Mittel ist, edel und vortreflich zu genießen, nur das resolvens der allerhöchsten Position von Glückseligkeit. Aber glückselig seyn wollen, ohne tugendhaft zu seyn, ist ein Widerspruch, und Ruhe und Genuß erhalten ihren wahren Werth nur durch das Maas von Arbeit, das sie zu erhalten angewendet worden.

Und so hätt ich denn für heute genug geschwatzt, genug locos communes gemacht, wenn ich auch keine andere Satisfaktion dafür verdient hätte, als daß eine Menge von Männern, die vollkommen so aussehen als ich,

mir

mir aufmerksam zugehört, welchen Gegendienst ich Ihnen zu leisten eben so willig und bereit bin. Wenn Sie mir noch weit mehrere Satisfaktion geben wollen, so lassen Sie sich über ein oder andern Punkt mit mir in einen Streit ein, beantworten Sie mich, widerlegen Sie mich, recensiren, kritisiren, reformiren, und satyrisiren Sie mich, wo und wie weit ichs verdiene, so kann doch dies Geschwätz uns allen noch wozu nützlich werden, denn es war kein Buch so schlecht, das Pope nicht mit Nutzen zu lesen vorgab, und ich wollte auf die Rechnung gern mich zu schlechten Schmierern gesellen, wenn ich alle meine Leser zu Popen machen könnte.

www.ingramcontent.com/pod-product-compliance
Lightning Source LLC
Chambersburg PA
CBHW020828190426
43197CB00037B/734